会計学の
行く末

友岡 賛
Susumu Tomooka

泉文堂

●● 緒　　言 ●●

　本書は前々著『会計学の考え方』および前著『会計学の地平』を承け，もって三部作を成す。

　前々著の第1章「「会計学」の来し方」に始まり，本書『会計学の行く末』に至るこの三部作はこれに総タイトルを付すなら，定めし「会計学の来し方行く末」となろうか。

　まずは「会計学の考え方」について思量し，別言すれば，会計学ならではの考え方について思量した。次いで「会計学の地平」について思量し，別言すれば，会計学の仕事の範囲について思量し，敷衍すれば，会計学的な考え方をもって規定されるものとそうではないものの線引きについて思量した。

　かくて至った本書は会計学の基本的な論点の意義およびこれをめぐる会計学者の営為を顧み，また，省みし，斯学の行く末をもって占うが，しかしながら，行く末を占うということはやはり会計と会計学のレーゾン・デートルを考えることにほかならない[1]。

　2021年3月14日，
　誰かさんの廿の誕生日に三田の自宅にて[2]

友岡　賛

1 前々々々著のタイトルはこれが『会計と会計学のレーゾン・デート
ル』だったが，これについて前著いわく，「筆者の仕事は「『会計と会
計学のレーゾン・デートル』というタイトルに言い尽くされている」
といってもよく，できることなら，すべての友岡著を『会計と会計学
のレーゾン・デートル』としたい」（友岡賛『会計学の地平』2019 年，
2 頁）。

2 いつも（平時）なら「三田山上にて」と記すところながら……。

引用について

　原文における（　）書きや太文字表記や圏点やルビの類いは，原則として，これを省略した。したがって，引用文におけるこの類いのものは，特に断りがない限り，筆者（友岡）による。

　また，引用に際して，旧字体は，原則として，これを新字体に改め，促音や拗音の類いが小文字表記されていない場合は小文字表記に改め，漢数字は多くの場合，算用数字に改めるなどの加筆を施している。

●●目　　次●●

複式簿記論
——「複式簿記」を説明することの意味

第 **1** 章

　勘定理論の意義，複式簿記の説明理論の意義，複式簿記の
仕組みを説明するということの意義について考える。

複式簿記　　　「勘定理論」と称されるものがあり，「勘定理論とは，勘定の本質および勘定間の組織的関連を明らかにすることによって，複式簿記の機構を原理的に解明しようとする理論のことである」[1]とされ，「勘定を手がかりとして複式簿記の本質と仕組みを明らかにする理論で……勘定の理論ではなく，勘定の集合としての複式簿記の全体像に関する理論」[2]とされ，「複式簿記における諸勘定の系統とその相互関連を明らかにすることによって，複式簿記の計算機構を理論的に説明すること」[3]とされる。

　対象は複式簿記に限られるらしい。複式簿記に非ざる簿記には勘定の理論はないのか。

　原理的な解明とは何か。理論的な説明とは何か。複式簿記の説明理論の意義は何か。実践からもたらされた複式簿記を理論的に説明することの意義は奈辺にあるのか。実践における商人たちの智慧の試行錯誤をもってもたらされた複式簿記はその智慧の試行錯誤が理論ではないのか。

　そもそも複式簿記とは何か。

　例えば，企業会計は社会の成員の行動からもたらされた社会規範である，とし，また，そうした規範は時の経過とともに変容す

1　安平昭二「勘定理論」黒澤清（編集代表）『会計学辞典』1982年，192頁。

2　安平昭二「勘定理論」神戸大学会計学研究室（編）『会計学辞典（第6版）』2007年，246頁。

3　横山和夫「勘定理論」安藤英義，新田忠誓，伊藤邦雄，廣本敏郎（編集代表）『会計学大辞典（第5版）』2007年，259頁。

る，とする⁴斎藤静樹によれば，複式簿記も同様に社会規範であって，しかし，これがおよそ 800 年間も不変であるのはその高度の簡略さによる，とされる⁵。しかし，果たして複式簿記はこれも社会規範なのだろうか。複式簿記は交換取引がこれをもたらし⁶，けだし，交換取引は社会規範をもって構成しようが，しかし，複式簿記はこれをどのように捉えるべきか。たとえ交換取引はこれが社会規範であるとしても，複式簿記はこれが交換取引によってもたらされるとしても，複式簿記はこれが社会規範とは限らない。

　叙上のように，複式簿記は実践における商人たちの智慧の試行錯誤をもってもたらされた，とされているが，果たして彼らは複式簿記を発明したのか。発見した，ということはないのか。神が作りたもうた完璧なもの，完璧なシステムがまずあって，人はそれに近付き，ついに発見する，ということはないのか。800 年は永遠ではないが，しかし，長く不変ということの意味は決して小さくない。「今後の AI とやらの進化・発展は依然としてこのシステム（複式簿記）を必要とするのか，はたまた，このシステムを捨てることとなるのか」⁷。

4　斎藤静樹「外側からみる企業会計──会計情報の使われ方と作られ方」慶應義塾大学会計研究室公開講演会，2019 年。
5　同上後の質疑応答。
6　渡邉泉『帳簿が語る歴史の真実──通説という名の誤り』2016 年，106 頁。
7　友岡賛『会計学の地平』2019 年，25 頁。

　如上の問い掛けについての論はまずはさて措くが，ただし，本章にあってこうした問い掛けは常に念頭に置かれよう。

複式簿記と単式簿記　［簿記 ＝ 複式簿記］とし，通説にいわれる単式簿記は簿記に非ず，とし，［単式簿記 → 複式簿記］は史実に非ず，とし，［複式簿記 → 複式簿記 ＋ 単式簿記］とする渡邉泉の説[8]はこれをもってさて措き，一般には［単式簿記 vs. 複式簿記］とされ，［簿記 ＝ 単式簿記 ＋ 複式簿記］とされ，例えば「簿記とは，経済主体 ＝ 会計実体の経済活動を主として貨幣金額でとらえて，それを会計帳簿に記入すること，あるいは取引行為を一定の仕方で帳簿記入する技法のことをいう」[9]とされ，あるいは「一般に経済主体の経済活動について，貨幣金額によって継続的に記録すれば，どのような記録でも簿記と称することができる」[10]ともされる。

　ここに「複式簿記」の定義の類いについてまずは辞典の類いにおける説明がサーベイされる。

　例えば「貸借二面的記入のルールをもつ簿記を複式簿記とい

8　友岡賛『会計学の基本問題』2016 年，120〜127 頁。
　　友岡賛『会計と会計学のレーゾン・デートル』2018 年，29〜38 頁。
　　友岡賛『会計の歴史（改訂版）』2018 年，44〜55 頁。

9　西川登「簿記」会計学中辞典編集委員会（編）『会計学中辞典』2005 年，355〜356 頁。

10　大藪俊哉「複式簿記」森田哲彌，宮本匡章（編著）『会計学辞典（第5版）』2008 年，477 頁。

う」[11] とし，「記帳が例外なき二面的記入のルールによって行われる」[12] 簿記を複式簿記とする安平昭二は，しかし，「しかし」と続ける。

　「しかし，この二面的記入は複式簿記のいわば形式的な特徴にすぎない。このような形式を通して，記帳対象である財産の正味増減額を二面的に計算できるように仕組まれたところに，むしろ複式簿記の実質的特徴が認められる。……二つの損益計算を一つの機構に統合したという点が複式簿記の実質的特徴であ」[13] る。

　安平においては「形式的な特徴にすぎない」とはされるものの，ただし，「例外なき二面的記入」は肝要であって，陣内良昭によれば，「取引の各々をある勘定の借方と貸方に必ず二面的に同額ずつ記入（複式記入）することによって記帳の全体を貸借平均の原理が貫くように体系化された簿記」[14] とされ，また，中野常男によれば，「複式簿記の最大の特徴は「複式記入」にあ」[15] る，

11　安平昭二「単式簿記」安藤英義，新田忠誓，伊藤邦雄，廣本敏郎（編集代表）『会計学大辞典（第5版）』2007年，926頁。

12　同上，926頁。

13　安平昭二「複式簿記」安藤英義，新田忠誓，伊藤邦雄，廣本敏郎（編集代表）『会計学大辞典（第5版）』2007年，1188頁。

14　陣内良昭「複式簿記」会計学中辞典編集委員会（編）『会計学中辞典』2005年，340頁（（　）書きは原文）。

15　中野常男「複式簿記」神戸大学会計学研究室（編）『会計学辞典（第6版）』2007年，1040頁。

とされ，「複式記入がすべての取引について貫徹される」*16* とされ，「例外なき」ないし「必ず」ないし「すべて」をもって「完全な簿記」とも称されることとなる。

　また，「すべて」を担保するのは名目勘定であって，安平によれば，「名目勘定の導入によってすべての取引の二面的記入が可能となるとともに，そのことを通じて，二つの損益計算をみずからの機構内で行いうるようになる」*17* とされ，中野の「最大の特徴」は「複式簿記とは，実在勘定と名目勘定との統合のうえに構築された体系的勘定組織をその中核とし，そこに企業その他の組織の経済活動のうち記録対象とされる事象を，「複式記入」という特有の記帳方法により，貸借二面的に記録する技術をいう」*18* に「したがって，複式簿記の最大の特徴は「複式記入」にある」，と続く。

　翻って「単式簿記」はどうだろうか。

　安平によれば，「貸借二面的記入のルールを……もたない簿記を総称して単式簿記という」*19* とされているが，「総称」は単式簿記についてよく用いられ，陣内によれば，「取引のすべてについては複式記入されていない簿記を総称して単式簿記という」*20* とされ，大藪俊哉によれば，「複式簿記以外の簿記を総称して単

16　同上，1040 頁。
17　安平「複式簿記」1189 頁。
18　中野「複式簿記」1040 頁。
19　安平「単式簿記」926 頁。
20　陣内「複式簿記」340 頁。

式簿記という」[21] とされているが，「総称」は多義性を含意して
いるともいえ，中野によれば，「単式簿記の定義は必ずしも一義
的ではない。むしろ多義的であるといっても過言ではない」[22] と
され，「単式簿記を一義的に定義することが困難であることを認
識したうえで，簿記を表す全体集合の中で，「複式簿記」にあた
るものをまず定義し，これを除いた部分集合を「単式簿記」と定
義する論者もみられる」[23] とされ，また，エリック L. コーラー
（Eric L. Kohler）によれば，「単式簿記は常に不完全な複式記入で
あって，状況に応じていろいろ異なる」[24] とされているが，ただ
し，「いろいろ」な「単式簿記」に「共通するものを抽出すれ
ば」[25] とする中野は次のように述べている。

　　「企業その他の組織の経済活動を記録する場合，単式簿記に
　　あっては，財産とその変動について，それが部分か全体かは
　　別にして，何らかの記録が行われるのに対して，財産変動の
　　原因については，複式簿記にみられるような組織的な記録が
　　行われないということであろう」[26]。

21　大藪俊哉「単式簿記」森田哲彌，宮本匡章（編著）『会計学辞典（第
　　5 版）』2008 年，386 頁。
22　中野常男「単式簿記」神戸大学会計学研究室（編）『会計学辞典（第
　　6 版）』2007 年，825 頁。
23　同上，825 頁。
24　コーラー／染谷恭次郎（訳）『会計学辞典』1973 年，422 頁。
25　中野「単式簿記」825 頁。
26　同上，825 頁。

　また，前述のように，複式簿記が「完全な簿記」とも称されるのに対し，「単式簿記は不完全簿記ともいわれる」[27]。コーラーのいう「不完全な複式記入」はこれが「不完全簿記」を意味してしかるべきかどうかは即断しえないが，「例外なき」ないし「必ず」ないし「すべて」をもって複式簿記の要件とされるならば，「不完全な複式記入」は不完全な複式簿記を意味するとはいえようか。

　これも前述のように，「すべて」を担保するのは名目勘定であって，中野のいう「財産変動の原因」は名目勘定によって扱われるが，コーラーによれば，単式簿記は「現金とか人名勘定の記録だけしか行なわない簿記のシステム」[28] とされ，また，茂木虎雄は次のように述べている。

　　「複式簿記との対照でいわれる単式簿記はきわめて広義で，
　　計算の仕組のなかに純損益を自動的に算出することができる
　　損益計算機構をもたない簿記法一般である。……名目勘定体
　　系をその簿記体系のなかに用いない簿記法であって，財産有
　　高の比較計算によって損益を算出するものである」[29]。

　ここに「純損益を自動的に算出することができる損益計算機構をもたない」は「実態有高の調査による資産，負債の棚卸表示が

27　明神信夫「単式簿記」松尾聿正，平松一夫（編著）『基本会計学用
　　語辞典（改訂版）』2008 年，225 頁。
28　コーラー／染谷（訳）『会計学辞典』422 頁。
29　茂木虎雄「単式簿記」黒澤清（編集代表）『会計学辞典』1982 年，
　　622 頁。

必要」[30] であることを意味し，「財産計算と損益計算を同時に完成する」[31] ことはこれができないことを意味し，大藪によれば，これ「を同時に完成する方法」[32] が複式簿記とされる。

いわく，複式簿記とは「経済主体の経済活動を勘定科目と貸借記入原則によって秩序整然と記録，計算，整理し，その結果として財産計算と損益計算を同時に完成する方法をいう」[33]。

「単式簿記」と「単記式簿記」

さて，さて措かれていたのは渡邉説だったが，大筋において同説に「同意」[34] し，これを「支持」[35] する小栗崇資は「単式簿記から複式簿記に発展したのではなく，複式簿記が単式簿記を生じさせたのである」[36] として ［単式簿記 → 複式簿記］ を否定する渡邉説を踏まえ，また，馬場克三と内川菊義の用いる「単記式簿記」の呼称[37] を採用して[38] 次のように述べている。

「「複式簿記」の生まれる以前は，仮に名づけるとすれば「単

30　同上，622 頁。

31　大藪「複式簿記」477 頁。

32　同上，477 頁。

33　同上，477 頁。

34　小栗崇資「渡邉泉著『会計学者の責任——歴史からのメッセージ』（書評）」『會計』第 196 巻第 3 号，2019 年，108 頁。

35　同上，108 頁。

36　渡邉泉『損益計算の進化』2005 年，29 頁。

37　馬場克三，内川菊義『基本簿記概論』1960 年，15 頁。

38　小栗崇資「簿記・会計史の理論的相対化——複式簿記の生成・発展を中心に」竹田範義，相川奈美（編著）『会計のリラティヴィゼーション』2014 年，26 頁。

記式簿記」が行われていたと考えられる。「単記式簿記」は，古代から連綿と続く財産を管理するための記録方法である。たとえば，粘土板やパピルスに小麦や金銀がどのくらいの分量で収められたかが記録されてきた。時代が下ると，すべての財産を金額で把握するようになるが，分量であれ金額であれ財産管理のための物量計算であることには変わりはない」[39]。

　こうした小栗の記述は馬場と内川による「複式記入のはじまりをどこに求めるにせよ，理論的に明確なことは，およそ価値計算は本質的に複式記入をともなわざるをえないということである。もともと，数量計算から価値計算への発展は……けっして単なる計算単位の変更を意味するものではなかった。数量計算は，たとえ貨幣価値を計算単位として併用し，左右対照的な勘定式記録計算方法を用いていても，単にそれだけのことであるならば，それは本質的には単記式である。それは倉庫会計であり，その記録計算の対象は個々の財産の単なる出入計算にとどまり，財産全体の有機的な関連にまでは及ぶものではない」[40]という記述によっているが，ただし，馬場と内川の書をみる限りにおいて，彼らが「単式簿記」と「単記式簿記」の峻別を意図していることは認められず，［不完全な簿記 → 複式簿記 → 複式簿記 ＋ 単式簿記］とする渡邉のシェーマにおいて「不完全な簿記」を「単式簿記」と称さないために「単記式」としている意図はこれを認めること

39　同上，7頁。

40　馬場，内川『基本簿記概論』15頁。

はできない *41*。

「再再考」！　　　ここまで執筆したところで『會計』の最新号が届き，目次をみて吃驚した。「「単式簿記から複式簿記へ」の再再考」と題する渡邉の論攷があった。

　いわく，「この表題に関して，私は，これまでもいくつかの論考で取り上げ，2016 年に上梓した『帳簿が語る歴史の真実』の第 5 章で決着を着けたつもりであった。しかし，その後も，この問題の残り火がまだもやもやと多くの人の心の奥底で揺らいでいるように思われる。そのため，今一度このテーマを取り上げ，最終的な決着を試みることにした」 *42*。

　筆者とすれば，渡邉の論攷は恰好のネタであるため，「最終的な決着」などといったものはこれを望むものではないが，それはさて措き，この渡邉の論攷は「わが国のいわゆる「単式簿記」の位置づけに対する錯綜」 *43*，すなわち「「単式簿記から複式簿記へ」という刷り込まれた誤解」 *44* をもって槍玉に挙げる。

　「18 世紀前半のイギリスでデフォーによって創案された複式簿記の簡便法，すなわちいわゆる単式簿記（シングル・エントリー）がどのようなプロセスを経てわが国で複式簿記に先立つ簿記法として定着していったか」 *45* を説く渡邉によれば，ダニエル・デフォー（Daniel Defoe）の *The*

41　友岡『会計学の基本問題』90〜92 頁。

42　渡邉泉「「単式簿記から複式簿記へ」の再再考」『會計』第 196 巻第 4 号，2019 年，84 頁。

43　同上，84 頁。

44　同上，84 頁。

45　同上，85 頁（ルビは原文）。

Complete English Tradesman において示された複式簿記の簡便法がチャールズ・ハットン（Charles Hutton）の *The School-Master's Guide* 等において「シングル・エントリー」と称され，これがわが国において「単式簿記」と訳されたために錯綜，誤解が生じたとされる [46]。

　自身の説をもって「歴史の真実」[47]，あるいは「歴史的事実」[48]，あるいは「史実」[49] とする渡邉の説は，しかしながら，［デフォー → ハットン等 → わが国］とされてもこれが「史実」であることを裏付けるものに乏しく，説得力に乏しく，「われわれは，計算構造の枠組みの中に損益計算機能を内蔵していない計算システムを簿記と呼ぶことはできない」[50] といわれてもこの「われわれは」「できない」ということは渡邉の主張にしか過ぎず，あるいはまた，「もし，単式簿記から複式簿記が揚棄されたのであれば，複式簿記の成立と共に，単式簿記は，消滅していてもおかしくない」[51] ともされているが，これも［単式簿記 → 複式簿記］という捉え方をもって否定するものではないだろう。

　また，渡邉によれば，「（渡邉のいう）単式簿記は，一般に言われる……記帳法とは全く別の記録システムである」[52] とされているが，通説に用いられる「単式簿記」概念とは「全く別」の「単

46　同上，85～87 頁。

47　渡邉『帳簿が語る歴史の真実』111 頁。

48　同上，116 頁。

49　渡邉「「単式簿記から複式簿記へ」の再再考」88 頁。

50　同上，90～91 頁。

51　渡邉『帳簿が語る歴史の真実』124 頁。

52　同上，125 頁。

式簿記」概念を用いて［単式簿記 → 複式簿記］という通説を
もって批判することに果たして意味はあるのだろうか。

　しかも，渡邉によれば，［単式簿記 → 複式簿記］という捉え
方は「わが国」における錯綜，誤解とされているが，こうした捉
え方は例えばジョゼフ H. フラマン（Joseph-H. Vlaemminck）の
書[53]にも，あるいはO. テン・ハーベ（O. ten Have）の書[54]にも
みることができ[55]，何も「わが国」に限ったことではない。また，
島本克彦[56]の引くバジル B. ヤーメイ（Basil S. Yamey）の引く簿
記学者F. ヒュックリ（F. Hügli）によれば，「単式簿記は単なる未
完成品ではなく，形式においても目的においても完全にして申し
分のない完成品である」[57]とされ，「しかも，複式簿記は単式簿
記が完成をみたのちにそれから生じた，ということこそが自然な
成り行きである」[58]とされており，そうしたヒュックリの単式簿
記論は次のように説明されている。

　　「ヒュックリの単式簿記論は……商人簿記としては，「単式商
　　人簿記」と「拡大された単式簿記」との2つに分けられ……
　　「単式商人簿記」においては，「財産目録」，「現金出納帳」，
　　「日記帳」，「交互計算帳」が計算帳簿として使用され……そ

53　J. H. フラマン／山本紀生（著訳）『簿記の生成と現代化』2009 年。

54　O. テン・ハーヴェ／三代川正秀（訳）『新訳　会計史』2001 年。

55　友岡『会計学の基本問題』89 頁。

56　島本克彦『簿記教育上の諸問題』2015 年，125〜126 頁。

57　Basil S. Yamey，'Notes on the Origin of Double-Entry Bookkeeping,'
　　The Accounting Review, Vol. 22, No. 3, 1947, p. 264.

58　*Ibid.*, p. 264.

して，これら4つの計算帳簿に加えて，「商品出入帳」や「手形出入帳」等が導入されるとき，「単式商人簿記」は，「拡大された単式簿記」への途を歩むことになるわけであって，このような出入帳への記録が行われるとき，必然的に二面的ないし複式的な記録が行われ……「複式簿記」への接近がみられることになる」[59]。

　すなわち，「現金，債権，債務に対する記録の要求と同様に，財産のその他の構成部分についても，その変動についての継続的にして，組織的な記帳の要求が現れてきたとき，「拡大された単式簿記」がもたらされ……複式記入は必然的に増加」[60] をみるに至るのであるが，ただし，「簿記の計算対象が単一であることをもって単式簿記の特徴とする」[61] ヒュックリは，したがって，前述のように，単式簿記をもって「完成品」としている。

　なお，もっとも［単式簿記 → 複式簿記］を否定するのは独り渡邉ばかりではなく[62]，例えば，複式簿記を「手抜き」[63] したものが単式簿記である，とする木村重義は「単式簿記は複式簿記の

[59]　倉田三郎「ヒュックリの単式簿記論について」『松山商大論集』第39巻第4号，1988年，22〜23頁。

[60]　倉田三郎「単式簿記の特徴と複式簿記の本質」『松山大学論集』第4巻第3号，1992年，233頁。

[61]　戸田博之「非複式簿記の再吟味」安平昭二（編著）『簿記・会計の理論・歴史・教育』1992年，215頁。

[62]　島本『簿記教育上の諸問題』139頁。

[63]　木村重義『簿記要論』1963年，5頁。

省略型として規定するだけで充分で，複式簿記そのものが成立し，規定されうる状態に到達する前には「複式簿記以前の簿記」はあっても単式簿記は存せず，単式簿記は複式簿記よりも後のものであると見る」[64] としているが，木村はそう「見る」としても，その論拠は示されていないし，また，ヒュックリとは違い，「簿記の計算対象が単一であることをもって……特徴とする……ゆえにこそ単式簿記を組織的な簿記体系と認めない」[65] ヨハン・フリードリッヒ・シェアー（Johann Friedrich Schör）によれば，「単式簿記は複式簿記の重要な一部分を切断することによってできたものである。複式簿記の最初の著者はルカ・パチョーリ（Lucas Pacioli, 1494）であり，単式簿記のそれはコッタ（Cotta, 1774）である」[66] とされているが，他方，ヒュックリを引くヤーメイによれば，「ルカ・パチョーリは「単式記入」および「複式記入」の名をともに挙げ……そのかみにおけるこの二つのシステムの並存を示唆している」[67] とされている。

「複式簿記」を説明することの意味

さて，複式簿記の「原理的な解明」，「理論的な説明」とは何か。勘定理論にはどのような意義があるのか。

　もっとも勘定理論の意義については，これを疑問視するところから始める向きもある。すなわち，勘定理論の意義については，

64　同上，6頁。
65　戸田「非複式簿記の再吟味」215頁。
66　同上，227頁（（　）書きは原文）。
67　Yamey, 'Notes on the Origin of Double-Entry Bookkeeping,' p. 264.

従前の勘定理論の意義を疑問視の上，有意味な勘定理論をもって
追窮する向きがあり，そうした向きは「これまで提唱された個々
の会計構造学説（勘定学説）が，結局のところ，まったくあるい
はほとんど同一の計算構造をもっている，という点」[68] を問題視
し，諸学説の不完全性によるそうした状況に鑑みた場合の勘定理
論（会計構造論）の存在意義を疑問視し，勘定理論をして有意義
なものたらしめるべく，各学説の実相（理想型）を求めるべく，
対象勘定・メタ勘定区分の原則を首めとする会計構造の文法規約
における諸原則を挙げており [69]，例えば対象勘定とメタ勘定の混
在禁止 [70] を意味する対象勘定・メタ勘定区分の原則については
「言語レベルの相違」[71] を問題視し，「言語レベルの異なる項目を
比較することは，論理的に不可能」[72] とし，「言語レベルの異な
る項目を収容する貸借対照表にはいくつかの問題点が内在」[73] と
する支持もみられるが，しかし，筆者とすれば，そうした「論
理」を用いるがゆえに「論理的に不可能」ということではないか，
という気がしてならない。

　あるいは，この向きによれば，Ｔフォームの勘定形式の包容性
はこれが清濁併せ呑むものとして問題視され，これがもたらす異

68　笠井昭次「会計構造の文法規約を巡って」安平昭二（編著）『簿記・
　会計の理論・歴史・教育』1992 年，27 頁。

69　同上，16〜18 頁。

70　同上，20 頁。

71　上野清貴「会計観としての収入支出観と簿記の計算構造」上野清貴
　（編著）『簿記の理論学説と計算構造』2019 年，267 頁。

72　同上，271 頁。

73　同上，273 頁。

質な要素（借方要素と貸方要素）の混在が理論の本質を見誤らしめる，として借方性・貸方性区分の原則の重要性が指摘されている[74]が，しかし，「混在」という表現は否定的な先入主を含み，また，清濁併せ呑むことができることをもってTフォームの特長とする行き方を門前払いする。

　閑話休題。例えばK. ケーファー（K. Käfer）によれば，「勘定理論は一般に教育的目的と科学的目的という，二つの目的ないしねらいをもって構成され……教育的目的とは，簿記学習者および実際家に複式簿記の諸規則についての合理的説明を与えようとすることで……科学的目的とは，複式簿記原理の論理的根拠およびその原理の論証可能な構成を探究するということである」[75]とされ，そうしたケーファーは「教育的目的のためには，その理論が簡単・直截なものであることがのぞましい」[76]ために「単純性と明瞭性のために科学的厳正さを犠牲にして」[77]いるとして教育的目的を否定し，科学的目的をもって「真の勘定理論の本来の目的」[78]としているが，これについては些か違和感を覚える。一般化，すなわち「単純」を求める営為こそが学問ではないか。教育的目的をもってもたらされた「単純性」こそが技術（アート）の教授をもって「勘定理論」と称される学問（サイエンス）へと昇華せしめたのではないか[79]。

[74]　笠井「会計構造の文法規約を巡って」20〜22頁。

[75]　安平昭二『簿記理論研究序説——スイス系学説を中心として』1979年，97〜98頁。

[76]　同上，98頁。

[77]　同上，98頁。

[78]　同上，98頁。

[79]　この辺りは木村太一氏（多摩大学）との議論によっている。

他方，「シェアーの場合，勘定理論（＝ 複式簿記の本質の認識）と簿記教育法は密接に結びついている。（萌芽形態での）勘定理論に基づいて簿記教育法が生れたともいえるし，簿記教育法の工夫の中から勘定理論が形成されたともいえる」[80] ともされているが，けだし，後者ではないだろうか。

80　安平昭二『簿記・会計学の基礎──シェアーの簿記・会計学を尋ねて』1986 年，100 頁（（　）書きは原文）。

資本維持論
——維持することの論拠

第2章

　資本維持論における「資本維持」という概念については，維持すべき資本の性格，という観点と，維持すべき資本の範囲，という観点があるとされているが，とりわけ後者による［自己資本維持vs.総資本維持］について考え，とりわけ総資本維持の意味について考え，また，資本維持論と会計主体論の関係について考え，主体論が資本維持の論拠たりうるかについて考える。

**自己資本維持と
総資本維持**

例えば齋藤真哉によれば，資本維持論における「資本維持」という概念については「資本の性格と資本の範囲という二つの視座」[1]が

あるとされ，すなわち，維持すべき資本の性格という観点から，名目資本維持，実質資本維持，および実体資本維持の対立があり，また，維持すべき資本の範囲という観点から，自己資本維持および総資本維持の対立がある，ともされている[2]が，例えば**設例**のように説かれる後者については総資本維持というものの意義が定かでない。齋藤においては種々の資本維持が網羅的に示されている[3]ものの，いずれについても，こういう場合にはこうなる，といった説明に止まり，そのことのもつ意味が定かでない。

　総資本維持とは何だろうか。

設例　自己資本維持と総資本維持 [4]

期首貸借対照表

商品 100×10 箇	1,000	借入金	400
		資本金	600
	1,000		1,000

　期中取引：売上 150×5 箇 = 750
　　　　　　支払利息 50（自己資本維持の場合）

1　齋藤真哉「資本維持」斎藤静樹，徳賀芳弘（責任編集）『体系現代会計学［第1巻］　企業会計の基礎概念』2011 年，402 頁。

2　同上，402〜404 頁。

3　同上，404〜430 頁。

4　齋藤による設例（同上，423〜424 頁）を参考に筆者が作成。

自己資本維持の場合

期末貸借対照表

商品 100×5 箇	500	借入金	400
現金	700	資本金	600
		利益	200
	1,200		1,200

期末資本 500 + 700 − 400 = 800
期末資本 800 − 要維持資本 600 = 利益 200
売上 750 − 売上原価 500 − 支払利息 50 = 利益 200

総資本維持の場合

期末貸借対照表

商品 100×5 箇	500	借入金	400
現金	750	資本金	600
		利益	250
	1,250		1,250

期末資本 500 + 750 = 1,250
期末資本 1,250 − 要維持資本 1,000 = 利益 250
売上 750 − 売上原価 500 = 利益 250

利益処分：配当 200
　　　　　支払利息 50（総資本維持の場合）

利益処分後の貸借対照表

商品 100×5 箇	500	借入金	400
現金	600	資本金	600
	1,000		1,000

　それにしても総資本維持とは何だろうか[5]。

5　例えば中居文治によれば，「「維持すべき資本」は，利益の算定基準
　たるがゆえに，利益獲得に貢献するとしても原則として確定利子を受 ↗

　概して資本維持は利益計算と表裏一体，相即不離のものと捉えられ，自己資本維持の場合は，トートロジーながら，自己資本を維持しうるような利益計算を行うことによって自己資本維持が果たされる，という筋合いにあり，そうした会計行為によって資本維持が果たされる，とされようが，総資本維持の場合も同様か。総資本を維持しうるような利益計算を行うことによって総資本維持が果たされる，ということか。しかし，畢竟，借入金をもって返済しない，ということなら，これは会計行為ではなく，会計行為による維持に非ず，ということなのか。しかし，例えば川端保至いわく，「しかし元本を全く返済しない借入契約というようなものは実務上はありうるのだろうか。企業規模の拡張に伴って借入金を増やし続けることが可能なのか」[6]。むろん，保たれるべきは必ずしも借入金でなくともよく，要するに，貸借対照表の大きさが保たれればよい。

　ところで，この「大きさ」は貸方のことか，はたまた借方のことか。自己資本維持は貸方の問題である一方，総資本維持は借方

↘けとるにすぎず，また企業の損失を負担しない負債は除かれるのであって，自己資本に限定され，すなわち経済的には等しく資本として機能する他人資本と自己資本は利益への参加いかんによって区別されるゆえに，総資本維持概念はとりえない」（中居文治『貨幣価値変動会計』2001 年，8 頁）とされ，また，「「維持すべき資本」は利益算定基準であるゆえ，総資本維持概念が成立するには，その「剰余」が他人資本と自己資本に同等に帰属しなければならないが，それは現行制度ではありえない」（同上，9 頁）とされている。しかしながら，本稿にあっては，のっけから総資本維持を否定することはこれを控え，まずは諸説において「総資産維持」と称されているものの意味について思量したい。

6　川端保至『19 世紀ドイツ株式会社会計の研究』2001 年，9 頁。

の問題か。元来，資本維持は貸方の問題ながら，ただし，総資本維持は借方をもって考えるものか。

　資本維持と利益計算の関係についてさらに述べれば，［期末資本 － 要維持資本 ＝ 利益］という利益計算による資本維持はトートロジーであって，また，結果を示すものにしか過ぎない。結果に至る過程は［収益（売上等）－ 費用（売上原価等）＝ 利益］をもって示され，ここにおける自己資本維持と総資本維持の異同は，支払利息がイコールの左右，いずれの側にあるか（支払利息は費用か，それとも利益の分配か），という点だろうが，これと資本維持に関係はあるのか。支払利息の在処は資本維持とは関係なく，ただし，会計主体論を媒介として資本維持にかかわるのか。これはすなわち［支払利息の在処 → 会計主体論における或る説 → 維持すべき資本］ということだが，しかし，［支払利息の在処 → 会計主体論における或る説］ではなく，［会計主体論における或る説 → 支払利息の在処］であって，すなわち会計主体論は媒介とはなりえないか。

**資本維持と
会計主体論**
　しかしながら，資本維持はときに会計主体論と関係付けられ，いや，繋く会計主体論と関係付けられ，「この視座（資本の範囲の視座）から議論される資本の範囲は，誰の立場で会計を行うのかという立場の相違に基づくものであり，会計主体論との関わりを持つ」[7]とされ，齋藤によれば，「自己資本維持概念は……資本主理論に立脚……一

7　齋藤「資本維持」404 頁。

方，総資本維持概念は……企業実体理論（エンティティ論）に立脚している」[8] とされているが，果たしてそうか。

　齋藤自身が「出資者自体の立場からは独立した企業自体の立場で会計を行うという企業実体理論（エンティティ論）」[9] としているように，企業主体説（企業実体説）は企業の独立性をこそ強調するものであって，［自己資本維持vs.総資本維持］と ［資本主説vs.企業主体説］は対立軸を異にしているのではないか。［自己資本維持vs.総資本維持］と重ね合わせられるべきは ［資本主説vs.企業体説］ではないか。

　企業体説においてこそ，支払利息はイコールの右側に置かれ，また，企業主体説にあっては配当も，支払利息とともにイコールの左側に置かれる [10]。

　しかし，齋藤は「企業主体理論（企業主体説）[11] においては，企業は所有者と債権者の両者から独立した主体と捉えて，それら両者に係る資金調達コストを控除したあとに企業に留保される部分をもって利益とする考え方もある」[12] としつつも，「しかしここでは，便宜上，これら資金調達コストは費用とはしない立場に立って検討することにしたい」[13] と続ける。

8　同上，404 頁（（　）書きは原文）。

9　同上，404 頁（（　）書きは原文）。

10　友岡賛『会計学原理』2012 年，115〜116 頁。
　　　友岡賛『会計学の地平』2019 年，14 頁。

11　齋藤においてはエンティティ・セオリーがときに「企業実体理論」と称され，ときに「企業主体理論」と称されている（齋藤「資本維持」404，423 頁）。

12　同上，423 頁。

13　同上，404 頁。

「便宜上」とはどういうことか。

　しかしながら，他方また，先述のように，総資本維持をもって借方の問題とみる場合には，これは企業維持であって，企業主体説に繋がることとなるのか。

　齋藤は壹岐芳弘に依拠し[14]，壹岐はジェフリー・ウィッティントン（Geoffrey Whittington）らに依拠している[15]。

　ウィッティントンによれば，「資本維持概念の選択は，企業に関して「所有主（資本主）」観と「企業実体」観のどちらの立場をとろうとしているのかということ次第で決まる」[16]とされ，「前者のアプローチでは……維持されるべき資本原資は所有主にとっての企業の価値……一方，企業実体アプローチは，企業の経営実体の維持を資本維持概念の中心的な前提とみなし……したがって維持されるべき資本の額は，企業の純資産の現在価値（the current cost of the net assets）と等しくなる」[17]とされており，また，デビッド・トゥィーディ（David Tweedie）とウィッティントンによれば，インフレーション会計論における資本維持概念は所有主概

14　同上，402 頁。

15　壹岐芳弘「資本概念と会計主体観」安藤英義，新田忠誓（編著）『会計学研究』1993 年，88〜89 頁。
　　壹岐芳弘「資本維持論の動向と課題（1）」『會計』第 150 巻第 2 号，1995 年，102 頁。

16　G．ウィッティントン／辻山栄子（訳）『会計測定の基礎──インフレーション・アカウンティング』2003 年，173 頁。

17　同上，173〜174 頁。
　　Geoffrey Whittington, *Inflation Accounting : An Introduction to the Debate*, 1983, p. 152.

念（proprietary concept）によるものと企業実体概念（entity concept）によるものに大別されるとされており[18]，彼らの説を受けた壹岐は次のように述べている。

　　「ウィッティントンやツウィーディーによれば，資本概念ないし資本維持概念の選択は会計主体観の選択に依存し，実質資本維持概念は所有主観に，実体資本維持概念はエンティティ観にそれぞれ結びつくと主張される。すなわち，実質資本維持および実体資本維持の態様は，それぞれ実質自己資本維持および実体総資本維持となると考えられている」[19]。

　しかし，どうして「すなわち」なのか。少なくもウィッティントンらの説に「総資本維持」という概念はない。
　「エンティティ観」においては他人資本が自己資本と同様に扱われるからか。しかし，果たして［自己資本と他人資本を同様に扱うということ ＝ 総資本を維持するということ］なのか。

　齋藤が依拠する壹岐が依拠するウィッティントンらの主体論には資本主説（所有主観）と企業主体説（エンティティ観）の2択しかないのか。
　例えば村田英治によれば，資本主説に対するものとしてまず挙げられるウィリアム・アンドリュー・ペートン（William Andrew

---

[18]　David Tweedie and Geoffrey Whittington, *The Debate on Inflation Accounting*, 1984, pp. 281-282.

[19]　壹岐「資本維持論の動向と課題（1）」102頁。

Paton）の企業主体説は「負債と株主持分の同質性を強調する」[20]が，ただし，「株主及び長期債権者をあわせた投資家の観点をとる」[21] ことから「持分保有者の範囲を拡張した資本主説として特徴づけられる」[22] とされ，「エンティティそれ自体の観点に立つ」[23] その後のその他の企業主体説とは異なるとされる[24]。

　如上の理解における「拡張」は，けだし，捉え方によっては，［資本主説 −（持ち分保有者の範囲の拡張）→ ペートンの企業主体説 −（持ち分保有者の範囲のさらなる拡張）→ 企業体説］とすることもでき，例えばケリー L. ウィリアムズ（Kelly L. Williams）とハワード J. ローレンス（Howard J. Lawrence）によるペートン研究の書は，会計の基礎理論におけるペートンの貢献の大きさを指摘する件（くだり）において，その後の資金説（ファンド・セオリー）と企業体説をもってペートンの企業主体説を拡張したものとしている[25] が，資本主説と企業主体説と企業体説の関係は，株主を特別視するかどうか，という点においては［資本主説 vs. 企業主体説・企業体説］[26] ながら，企業を誰かのものとみるかどうか，という点においては［資本主説・企業体説 vs. 企業主体説］となろうか。

　閑話休題。ウィティントンらの主体論には企業体説という選

20　村田英治「会計主体論の再検討」『會計』第 141 巻第 1 号，1992 年，30 頁。

21　同上，30 頁。

22　同上，31 頁。

23　同上，31 頁。

24　同上，30〜36 頁。

25　Kelly L. Williams and Howard J. Lawrence, *William A. Paton : A Study of His Accounting Thought*, 2018, p. 39.

26　友岡『会計学原理』115 頁。

択肢はないのか。企業をもって「（企業への）参加者たちの意思決定の中心（decision-making center for the people who are participants）」[27]と捉え，「組織的共同体」[28]と捉えるワイノ W. スウヤーネン（Waino W. Suojanen）の説に始まる企業体説は選択肢にないのか。

実体資本維持と収入余剰計算　　［自己資本維持vs.総資本維持］をもって［商法および会計学上の維持すべき資本vs.経営上の維持すべき資本］として論じているのは前出の川端である[29]。

　「企業経営上「維持すべき資本」とは何か」[30] を問う川端は「企業経営に不可欠な資本（資産）とみなすべきもの（維持すべき資本の定義）に関し，商法計算規定および会計学と，企業経営の現実との間に相違がある」[31] ことを指摘し，「商法および会計学は資金調達方法の相違によって損益計算上維持すべき資本を決定する」[32] が，「しかし経営を継続していくために不可欠な資産を，資金調達方法に関係なく，企業経営上「維持すべき資本」とすべきではないかという考え方も成り立つ」[33] とし，「会社目的に結びつく実物資本（実体資本）の維持と，配当利益計算との連繋」[34]

27　Waino W. Suojanen, 'Accounting Theory and the Large Corporation,' *The Accounting Review*, Vol. 29, No. 3, 1954, p. 392.

28　*Ibid.*, p. 393.

29　川端『19 世紀ドイツ株式会社会計の研究』。

30　同上，4 頁。

31　同上，7〜8 頁（（　）書きは原文）。

32　同上，8 頁。

33　同上，366 頁。

34　同上，366 頁。

を重視し，19世紀ドイツの初期の株式会社定款における利益計算規定に注目する。これにおける「(社債等の) 償還支出を利益減少の費用として計上し……償還支出を含む全支出を控除したのちの収入余剰を配当利益とする利益計算方法は，資金調達方法に関係なく，会社目的遂行のための実物資本を維持することを目的とした利益計算方法」[35] であって，「つまり収入余剰計算とは実物資本維持の利益計算なのである」[36] とされ，「あるいは拡張して貸借対照表借方の総資産が企業経営上「維持すべき資本」ということになる」[37] とされ，「すべての現金支出額を，借入金返済，税金や配当金まで含めて控除して，収入余剰としての利益を計算することによって，企業経営上不可欠の資本を維持」[38] することが提案されるに至る。

　「償還支出を利益減少の費用として計上」ということは

　　　(借方) 社債　XXX／(貸方) 現金　XXX

　　　(借方) 費用　XXX／(貸方) 資本　XXX

ということだろうし，「借入金返済……まで含めて控除」ということは

　　　(借方) 借入金　XXX／(貸方) 現金　XXX

　　　(借方) 費用　XXX／(貸方) 資本　XXX

ということだろうが，かくて貸借対照表の「大きさ」が保たれる。

　なお，齋藤によれば，「貨幣資本維持概念に基づく……損益計

35　同上，365頁。

36　同上，20頁。

37　同上，366頁。

38　同上，367頁。

算は投下した貨幣資本の回収余剰計算としての特性を有する」[39]
とされ,「そこで期間利益は,収支余剰としての性格を有すること
になる」[40] とされているが,これは次元を異にするものか。

実体資本維持と
[自己資本維持 vs. 総資本維持]

冒頭に述べられたように,資本維持論における資本維持概念については「資本の性格と
資本の範囲という二つの視座」があるとされ,この二つを組み合
わせてみると表1の諸形態がもたらされるが,ただし,壹岐によ
れば,「これらのうち,従来,資本維持論において中心的に主張
されてきたものは,実質自己資本維持と実体総資本維持であり,
資本維持論は,基本的にこの二つの資本維持を基礎とするそれぞ
れの期間利益計算論の対立というかたちで展開されてきてい
る」[41] とされる。

表1　資本の性格と範囲の組み合わせによる資本維持の諸形態

資本の性格　　　資本の範囲	名目資本	実質資本	実体資本
自己資本	名目 自己資本維持	**実質 自己資本維持**	実体 自己資本維持
総資本	名目 総資本維持	実質 総資本維持	**実体 総資本維持**

39　齋藤「資本維持」431 頁。
40　同上, 431 頁。
41　壹岐「資本維持論の動向と課題（1）」95 頁。

　他方，例えば高橋良造が「名目資本維持は，取得原価主義会計において期首の投下資本の貨幣額は，期末においても修正されることなく，取得原価によって測定・評価されるもので……それゆえ，資産，負債は取得原価のまま据え置かれ云々」[42] と述べているように，名目資本維持はこれを取得原価と結び付けて捉えることが多いなか，あるいはまた，例えばトウィーディとウィッティントンによれば，「資本維持概念の選択は評価基準の選択に大きく制約されている」[43] とされているが，しかしながら，「資本維持概念と資産評価基準とは互いに独立であって，いずれの資本維持概念もいずれの資産評価基準と結び付くことが可能」[44] とする田中茂次によれば，**表2** [45] に示されるように，種々の資本維持概念と資産評価基準の組み合わせによって利益計算の諸体系がもたらされる，とされ，ただし，実体資本維持についてのみは「なお，実体資本維持はさらに総額実体資本維持と純額資本維持とに分けられている」[46] とされ，「伝統的には総額実体資本維持観が主流をなしていた」[47] とされる。

42　高橋良造『時価評価会計論』2004 年，311 頁。

43　D. P. Tweedie and G. Whittington, *Capital Maintenance Concepts : The Choice*, 1985, p. 32.

44　前川千春「利益計算システム類型化の意義」『経理研究』第 57 号，2014 年，313 頁。

45　田中茂次『物価変動会計の基礎理論』1989 年，27 頁。

46　同上，26 頁。

47　同上，208 頁。

表2　資本維持概念と資産評価基準の組み合わせによる利益計算の諸体系

資産評価基準＼資本維持概念	名目資本維持	一般購買力資本維持	実体資本維持	成果資本維持
取得原価	取得原価／名目資本維持	取得原価／一般購買力資本維持	取得原価／実体資本維持	取得原価／成果資本維持
修正原価	―	修正原価／一般購買力資本維持	―	―
取替原価	取替原価／名目資本維持	取替原価／一般購買力資本維持	取替原価／実体資本維持	取替原価／成果資本維持
販売価格	販売価格／名目資本維持	販売価格／一般購買力資本維持	―	販売価格／成果資本維持
現在価値	現在価値／名目資本維持	―	―	現在価値／成果資本維持

　しかし，森田哲彌によれば，「実体資本維持会計においても，実体資本概念を自己資本にのみ適用する形態と，それを総資本に適用する形態の二つがあり，前者を主張する見解がやや有力である」[48] とされ，この自己資本維持の支持においては，負債は名目額をもって返済すればよいため，物価上昇期には保有利益が生ずるが，総資本維持の場合にはそうした負債における保有利益が把握されないという問題がある，という考え方や，負債にかかわる

[48]　森田哲彌「インフレーション会計の諸形態」森田哲彌（責任編集）『体系近代会計学［第 8 巻］　インフレーション会計』1982 年，46 頁。

給付能力の維持のための資金は，費用の計上をもってではなく，
負債の増加（追加的な借り入れ）によって調達すべき，という考え
方があるとされている[49]が，他方，前出の川端は総資本維持，
すなわち経営上の維持すべき資本について，これを維持するため
の「会計上の対処方法」[50]の一つとして「借入金を返済しないと
いう方法」[51]を挙げ，しかし，前述のように「しかし元本を全く
返済しない借入契約というようなものは実務上はありうるのだろ
うか。企業規模の拡張に伴って借入金を増やし続けることが可能
なのか」としており，森田が自己資本維持において「追加的な借
り入れ」に言及している一方，川端は総資本維持において「借入
金を増やし続けること」について述べていることに留意したい。
なおまた，ただし，そもそも「借入金を返済しないという方法」
は「会計上の対処方法」なのか。借り入れという行為や借入金の
返済という行為は，経済行為であって，会計行為ではない[52]。

　しかしまた，ローレンス・レブジン（Lawrence Revsine）によ
れば，資本維持概念は物的資本維持と財貨的資本維持に大別され，
両者の異同点として，保有利益が配当可能利益を構成するかどう
か，という点が指摘される[53]。すなわち，レブジンにおいては

---

[49]　森田哲彌「個別価格変動会計論（その２）──実際取替原価会計
論」森田哲彌（責任編集）『体系近代会計学［第８巻］インフレー
ション会計』1982年，153〜154頁。

[50]　川端『19世紀ドイツ株式会社会計の研究』8頁。

[51]　同上，9頁。

[52]　なお，川端は増資やリースの利用も「会計上の対処法」に挙げてい
る（同上，8〜10頁）が，これらも会計行為ではない。

[53]　高橋良造『時価主義会計学説』1989年，316〜324頁。

「物的資本維持概念のもとで，利益は，企業がその物的営業活動の水準を縮小することなく配当できる純営業フローの一部を構成するものであるとし……この資本維持の観点は，債権者と株主持分の両者を事実上は同じ資本の提供者とみなし」[54] ているとされ，他方，「財貨的資本維持概念のもとで，利益は，期首の純資産の市場価値を侵食することなしに配当することができるフローを構成している」[55] とされており，やはり実体資本維持（物的資本維持）は総資本か。

　既述のように，「債権者と株主持分の両者を事実上は同じ資本の提供者とみな」すことは総資本維持を意味し，あるいは総資本維持は「債権者と株主持分の両者を事実上は同じ資本の提供者とみな」すことを意味し，物的資本維持は総資本維持を意味し，あるいは総資本維持は物的資本維持を意味するのか。

　しかし，これらの関係はいずれも軸がずれてはいまいか。他方，物的資本維持（実体資本維持）と自己資本維持を組み合わせた実体自己資本維持は，組み合わせとしては存在しよう[56] が，しかしながら，この組み合わせは「いかにも不自然であるとの印象を免れえない」[57]。

　敷衍するに，「自己資本によって調達されている資産部分のみに物的資本概念を適用し，その資産部分のみの実体維持を志

54　同上，316 頁。

55　同上，317 頁。

56　齋藤「資本維持」428〜429 頁。
　　　ここでも齋藤においては「こういう場合にはこうなる」に止まり，実体自己資本維持の意味には言及されていない。

57　壹岐「資本概念と会計主体観」97 頁。

46

向」[58] し，「負債を具現する資産部分は実体維持の対象から除外される」[59] この組み合わせは「負債の金額は名目額で固定されており，したがってその返済は名目額で行えばよいという，返済を前提とした負債の捉え方」[60] をもって前提しているが，しかし，「実体資本維持のそもそもの発想が企業の営業規模（物的数量的な意味での）の維持にあったことを考えると，自己資本を具現する資産のみによる部分的な営業規模の維持しか保証しないその考え方は，いかにも不自然であるとの印象を免れえない」[61] ということであり，なおまた，「貸方の資本調達は，借方の使用資産（貨幣項目，棚卸資産，固定資産等）のあらゆるものに活用され使用されているから，これ等に関して自己と他人にかかわる資本を区別することは意味のないこととなる」[62] とする向きもある。

　しからば，やはり「物的資本維持は総資本維持を意味し，あるいは総資本維持は物的資本維持を意味するのか」[63]。

理論的整合性　ウィッティントンらの所説を検討した壹岐によれば，理論的整合性のある会計主体説と資本維持概念の組み合わせは**表3**[64] のようにまとめられる。

---

[58]　同上，95頁。
[59]　同上，97頁。
[60]　同上，97頁。
[61]　同上，97頁（（　）書きは原文）。
[62]　高橋『時価評価会計論』227頁（（　）書きは原文）。
[63]　次項に言及される実質総資本維持に鑑みれば，むろん，「総資本維持は物的資本維持を意味する」とはならない。
[64]　壹岐の所説（壹岐「資本概念と会計主体観」98〜100頁）に依拠して筆者が作成。

表3　理論的整合性のある会計主体説と資本維持概念の組み合わせ

会計主体説	資本維持概念	
資本主説	実質資本維持	自己資本維持
企業主体説		総資本維持
	実体資本維持	

　「いかにも不自然」とされた組み合わせは除かれているが，ここに看取されるのはどのような関係か。理論的整合性とは何か。これとこれは矛盾しない，齟齬しない，ということか。あるいは「親和性」という概念をもって表される関係[65]か。あるいは，より積極的に，この場合にはこうなる，という意味か。この場合の「この場合」は論拠か。

　［資本主説 → 自己資本維持］と［実体資本維持 → 総資本維持］は認められようか。先述のように，筆者とすれば疑義もあるが，「2択」を前提すれば［企業主体説 → 総資本維持］も認められようか。

　［資本主説 → 自己資本維持］と［実体資本維持 → 総資本維持 ← 企業主体説］以外の関係は「矛盾しない，齟齬しない」か。［実体資本維持 → 総資本維持 ← 企業主体説］ということは［実体資本維持 ↔ 企業主体説］か。いや，そうではないか。

　借方を考えると総資本維持，貸方を考えると自己資本維持，ということか。総資本維持は，畢竟，資本維持ではなく，畢竟，資産維持なのではないか。モノを考えると総資本維持，カネを考え

65　友岡賛『会計と会計学のレーゾン・デートル』2018 年，101〜102 頁。

ると自己資本維持，ということか。いや，**表3** にみられる実質資本（カネ）維持と総資本維持の組み合わせはどういうものか。

　齋藤によれば，実質総資本維持概念による利益計算が「実質自己資本維持概念に基づく損益計算と相違する点は，ひとつには借入金に係る貨幣購買力損益を認識しないことと，支払利息を費用計上しないことである」[66] とされているが，先述のように，支払利息の在処は資本維持とは関係なく，したがって，問題点は「借入金に係る貨幣購買力損益」，すなわち負債における保有利益ということになろうか。

　負債における保有利益を認識する，ということは，債権者の損失をもって株主に利益の分配がなされる，ということを意味する[67] が，この「債権者の損失」と総資本維持はどのような関係にあるのか。実質自己資本維持会計にあってはインフレーション時にも名目額（例えば400）に据え置かれる貸借対照表上の借入金が，他方，実質総資本維持会計においてはインフレーションの率に応じた修正額（例えば440）をもって示されることとなり，この修正額は総資本維持をもって意味しよう。しかしながら，債権者の損失の不認識，債務者の利益を不認識は何をもって意味しているのだろうか。

　総資本維持において借入金に施される如上の修正（400 → 440）はこれを主体論において解釈すれば，債権者も企業の所有者，とする企業体説が採られる場合には

66　齋藤「資本維持」427 頁。
67　むろん，利益の認識と該利益の配当は同義ではないが，ここにおいてはその点は問わない。

　　（借方）債権者の損失　　40／（貸方）借入金　　40
ということになり，他方，企業は誰のものでもない，とする企業
主体説が採られる場合には

　　（借方）非貨幣性資産　　40／（貸方）借入金　　40
ということになるのだろうか。

利益計算論
——引当金と繰延資産

第 **3** 章

　いかにも会計らしいもの，会計っぽいものに引当金と繰延資産を挙げ，その共通性と異同について思量する。

『繰延資産会計論』の不在

けだし，いかにも会計らしいもの，会計っ
ぽいものといえば，減価償却[1]，それに引
当金と繰延資産が挙げられようか。「近代
の会計理論は財産計算原理から成果計算原理へと発展し……企業
会計制度において，成果計算原理の適用により最も大きな特色を
なすものは繰延資産と引当金の計上である」[2] ともされる[3]。

あるいはまた，「会計は判断と慣行を別にして考えることがで
きないという宿命」[4] および「会計に対する社会的規制が法制度
的に設定せられ，しかもそれが会計学的原理以外の立場から行な
われるという……事実」[5] に鑑みる向きによれば，「繰延資産は
企業会計に関する会計学的理論の本質ないし限界を明らかにする
ための，きわめて重要な問題を提起するものであって，その点で
引当金とならんで重要視せられる事項である」[6] とされる。

ところで，しかしながら，『引当金会計論』といった類いの書
はそれなりに存する一方，『繰延資産会計論』といった類いの書

1　減価償却については下記のものを参照。
　　友岡賛『会計と会計学のレーゾン・デートル』2018年，第6章。
　　友岡賛『会計学の考え方』2018年，第3章。
2　竹内益五郎「繰延資産と引当金について──商法と財務諸表規則の
　　調整」『産業經理』第24巻第1号，1964年，187頁。
3　すなわちまた，［資産負債アプローチvs.収益費用アプローチ］にお
　　いて収益費用アプローチを採る場合，あるいは，収益費用アプローチ
　　こそが会計，とする立場が前提されている。
4　戸田義郎「繰延資産会計論」片野一郎（責任編集）『近代会計学大
　　系［第4巻］　資産会計論』1970年，288頁。
5　同上，288頁。
6　同上，288頁。

は見掛けない[7]。これはどうしてだろうか。タイトルに「繰延資産」の語がある学術書は寡聞にして知らず，「繰延」にまで譲れば，辛うじて一つ，杉本典之の『引当計理と繰延経理』を見出すことができる。そうした状況にあるのはどうしてだろうか。

　ときに「引当金の見越費用性と繰延資産の費用性とは統一的立場から理解される」[8]ともされ，あるいはまた，商法ないし財産計算の観点によれば，繰延資産は擬制資産と捉えられ，引当金（債務に非ざる負債性引当金）は擬制負債と捉えられ[9]，両者は「擬制」において共通性を有するともされようが，しかし，他方，「引当金と繰延資産とではちょうど裏腹の関係にあるかのように見える」[10]とし，「両者は何か深い係わりがあると見る者も多いのではないだろうか」[11]として論を起こす平井克彦は次のように述べている。

　　「繰延資産は資産のなかで何か特別の資産というわけではないし，資産概念を拡大しなければ説明できない資産ではない。すなわち，繰延資産は例外的な資産であるとはいい難いものである。これに対して，引当金（負債性引当金）は現行の会計における負債概念によっては説明のできないものであるし，

7　実務書，解説書の類いは除く。

8　山崎佳夫「繰延資産と引当金──擬制資産と擬制負債」『富大経済論集』第11巻第4号，1966年，16頁。

9　同上，3，13～14頁。

10　平井克彦『引当金会計論（新版）』1995年，101頁。

11　同上，101頁。

引当金以外の貸方項目がすべて確定した項目であるのに対して予測に基づくものである点において他の貸方項目の例外的存在と見られなくもないものである」*12*。

「特別」に非ざる，「例外的」に非ざる繰延資産は，したがって，「例外的」な引当金のようには論じられない，ということだろうか。

「会計の歴史において，現金や債権が資産のアルファであるとすれば，繰延資産はそのオメガである。……繰延資産が，他の資産とならんで，資産の地位を確立すると，資産概念もいわば完結したのである」*13* ともされる。

「オメガ」は「オメガ」であって，「特別」には非ず，ということか。

「アルファ」と「オメガ」の間にはかなりの距離が認められようが，しかし，「オメガ」は「アルファ」とともにギリシャ文字のなかにある。

なお，繰延資産の特殊性を管理不能性，すなわち，その利用が経営者の支配下にない，という点に認める向き *14* は次のように述べている。

12　同上，106 頁（（　）書きは原文）。
13　木村重義「繰延資産会計論」片野一郎（責任編集）『体系近代会計学［第4巻］資産会計論』1961 年，443 頁。
14　同上，447 頁。

「繰延資産は他の種類の資産と同様に，企業が将来その収益をあげるためなされた有効な投資を意味する。ただ，それは他の資産項目のような「実体」をもたない。ここで「実体」をもたないというのは，実質がないという意味ではなく，経営者が直接に管理できる対象ではないという意味であ」[15]り，「他の種の資産にくらべて，経営収益にもたらす効果が正確にとらえられがたいとされている」[16]。

引当金と繰延資産の共通性と異同

如上の平井の説は費用の発生をめぐって引当金と繰延資産の異同を考える。すなわち，「「発生主義会計においてはまだ発生していない，つまり未発生の費用が取り上げられなければならない」[17]という「企業会計原則」の論理はよく分からないというのはそのとおりである」[18]とされ，評価される「「引当金会計」の第一人者」[19]平井の説は「引当金を未発生の費用・損失に係わるものであるとする企業会計原則や通説的考え方および発生概念

15 　同上，447頁。

16 　同上，448頁。

17 　この引用は些か杜撰であり，正しくは「発生主義会計において未だ発生していない未発生の費用が取り上げられなければならない」（平井克彦「引当金と繰延資産」『産業經理』第52巻第2号，1992年，18頁）。

　　なお，この平井「引当金と繰延資産」はこれに手が加えられたものが平井『引当金会計論（新版）』に収められている。

18 　新井益太郎「編集後記」『産業經理』第52巻第2号，1992年，144頁。

19 　同上，144頁。

には賛成できない」[20] とし，発生主義会計において未発生費用が引当金の対象となるはずはなく，繰延資産こそが未発生費用であり，別言すれば，引当金と繰延資産はいずれも未実現費用であり[21]，「しかし，引当金は，資産価値がまったく減少していないにもかかわらず，将来の価値減少，現在は未実現のものを予測計上することにおいて繰延資産と異なっている」[22] とする。

閑話休題。前項に述べられたように，平井によれば，「例外的」に非ず，とされる繰延資産は，しかしながら，他方，杉本によれば，一般にいずれも費用・収益の対応による適正な期間利益計算のための会計処理とされる[23] 引当経理と繰延経理はいずれも「「あきらかに例外的な性格をもつもの」といわれ」[24]，この点において共通性がみられる[25] とされているが，ただしまた，しかしながら，平井と杉本は観点および視点をもって異にしており，観点 and／or 視点が異なれば，看取されるものも異なりうる，ということは言を俟たない。

杉本によれば，共通性がみられる一方，「その機能ないし効果という点では，まさに，対称的な裏腹の関係にある」[26] とされるこの二つの会計処理は「その実質的構造にまで目を透徹させるな

---

20 平井『引当金会計論（新版）』113 頁。

21 同上，115～116 頁。

22 同上，116 頁。

23 杉本典之『引当経理と繰延経理』1981 年，145～146 頁。

24 同上，138 頁。

25 同上，137 頁。

26 同上，137 頁。

らば，引当経理は当期の収益ないし利益の次期以降への繰延処理
にほかならず……繰延経理は当期以前の費用ないし損失の次期以
降への繰延処理にほかなら」[27]ないとされ，すなわち「適正な期
間利益計算のため」に非ず，とされ，畢竟，杉本の意図は引当経
理と繰延経理はこれらが「ともに，当期損益をコントロールする
機能を果たす」[28]ことを指摘し，「両者あいまって……「期間損
益計算上の緩衝器」として機能する」[29]ことを指摘することにあ
る。

　なお，「コントロール」は，けだし「平準化」をもって含み，
木村重義によれば，会計上の利益は企業の本来の収益力を表すべ
きものである，という前提においては，利益の平準化，という点
において繰延資産の意義を認めることができる[30]。すなわち，
「利益は，たとえば一般経済の好況・不況の影響や，特に外界の
偶然的な諸事象の影響で，年度から年度にわたってかなり大きな
幅で上下しようとも，企業本来の収益力は，通常，それほど急激
にかわるものではないから……それを平準化する方向に計算方法
をもってゆくのが合理的で，その手段の一つとして，費用ないし
損失の平準化がおこなわれるべきである」[31]とされているが，し
かし，平準化のための「水準設定は事実上，不可能である」[32]。

27　同上，148 頁。
28　同上，139 頁。
29　同上，151 頁。
30　木村「繰延資産会計論」444〜445 頁。
31　同上，444〜445 頁。
32　同上，446 頁。

　また，江村稔は「貸借対照表の本質にかんする諸原則の問題」[33] の一つに「貸借対照表上の資産・負債・資本として記載されているものに，資産・負債・資本以外のものが含まれるかどうか」[34] を挙げ，これは「繰延経理もしくは引当経理の問題であるといえよう」[35] として次のように述べている。

　　「費用の繰延経理は，近代的企業会計の基本的特色の一つであるといっても過言ではないであろう。したがって，これを，貸借対照表にかかわる原則の一つにあげることについても疑問は生じないが，ちょうど，この繰延経理と逆の性格をもつ「引当経理」については，たとえ，それが実務上かなり広く用いられているとしても，「原則」の一つとしてとりあげることには，若干の疑問がありえよう」[36]。

　これについて「繰延経理は……これを，貸借対照表にかかわる原則の一つにあげることについても疑問は生じないが，ちょうど，この繰延経理と逆の性格をもつ「引当経理」については……若干の疑問がありえよう」「とされるその論理構成には，理解しがたい点がある」[37] とする杉本は，しかし，「理解しがたい点」が奈

---

[33]　江村稔「貸借対照表原則の会計学的考察」『會計』第100巻第1号，1972年，53頁。

[34]　同上，53頁。

[35]　同上，53頁。

[36]　同上，54〜55頁。

[37]　杉本典之「引当経理の目的と計算構造に関する若干の考察」『エコノミア』第45号，1972年，79頁。

辺にあるかはこれを示さず，他方，江村も「若干の疑問がありえよう」その事訳については述べていないが，ただしまた，江村は別の論攷において「発生主義の例外としての引当基準」[38] について次のように述べている。

　「引当金の設定ないし計上は，実際に「事実」が「発生」した場合にかぎり，期間費用を損益計算に計上してゆこうとする基本的な考え方——これを実際基準もしくは発生主義と呼ぶならば，まさに，その例外として位置づけられなくてはならない。引当金の計上は「引当基準」によると称するならば，引当基準が，原則に対する例外となることは，きわめて重要な意味をもっている。なお，関連して述べておけば，繰延資産の計上を認めようとする「繰延基準」もまた，引当基準よりも，やや，その程度において異なるとしても，やはり，実際基準の例外と解すべきものと思われる。けだし，ここでは，当期中に何らかの事実は発生しているが，この事実にかかる金額を，将来にわたって「繰り延べ」ようとする意図が優先するからである。したがって，繰延基準によった場合，次期以降は，何らの事実も発生していないにもかかわらず，期間費用の計上が，正当なものとして行なわれることとなるのである」[39]。

***
38　江村稔「会計原則修正案における引当金批判」『會計』第 97 巻第 2
　　　号，1970 年，45 頁。
39　同上，47 頁。

　事実の発生に依拠することをもって発生主義と捉え，「実際に「事実」が「発生」した場合にかぎり……計上してゆこうとする基本的な考え方……を実際基準もしくは発生主義と呼ぶ」ことの是非はさて措き，ここにおいて江村は，先の引用とは異なり，事実の発生がないにもかかわらずなされる引当金の繰入（費用の計上）と事実の発生がないにもかかわらずなされる繰延資産の償却（費用の計上）をもって，いずれも発生主義の例外，という意味において同様のものと看做し，「繰延基準は，すでに発生した事実にかかる金額を次期以降の費用として計上していこうとするものであり，他方，引当基準は，次期以降に発生すべき事実にかかる金額を見積って，あらかじめ，当期の費用として計上するものであるから，両者は対置されるものであることはいうまでもない」[40] としているが，両者が「その程度において異なる」事訳は「すでに発生した事実」と「次期以降に発生すべき事実」の違いにあるのだろうか。

　また，まずはさて措かれた，事実の発生に依拠することをもって発生主義とすることの是非，という点に些か言及すれば，けだし，原因の発生をもって引当金計上の根拠とする企業会計原則の行き方に否定的[41] な江村は，したがって，「原因の発生」との対比において「事実の発生」という述べ方をしているが，概して「発生主義」の定義においては「現金収支の如何にかかわらず，発生をもって収益・費用を計上」といった述べ方がされ，すなわち「現金収支」との対比において「収益・費用の発生」という述

40　同上，51頁。
41　同上，46頁。

べ方がされており[42]，そもそも江村のいう「事実」とは何か，「収益・費用の発生」に非ざる「事実の発生」とは何か，ということが問題となろう。

**収益費用アプローチ
の自明**

「財産主義的思考方法」[43] においては「株主保護のための会社債権者いじめ」[44] の「欺瞞的な帳簿処理」[45] とまで否定される繰延資産は他方，「成果主義的思考方法」[46] においては「「資産」そのものはほんらい「費用の繰延」である」[47] とされ，「固定資産が資産であるのと全く同意義において，繰延資産というものの資産性が肯定される」[48]。

　すなわち，財産性が否定される一方，「資産性が肯定される」繰延資産は，したがって，擬制資産に非ず，「例外的」に非ずとされ，問題視されないともされようが，他方，引当金はこれがやはり問題視されるのはやはり擬制負債だからか。

　［財産主義的思考方法vs.成果主義的思考方法］ないし［財産計算原理vs.成果計算原理］と［資産負債アプローチvs.収益費用ア

---

[42]　友岡賛『会計学原理』2012年，121頁。
[43]　清水新「商法上の繰延資産について」『エコノミア』第45号，1972年，40頁。
[44]　同上，40頁。
[45]　同上，40頁。
[46]　同上，40頁。
[47]　同上，40頁。
[48]　同上，41頁。

プローチ］は似て非なるものとされようか。しかしながら，捉え
様によっては同様のものとして捉えられ，そうしたvs.において
この二つの項目を詳細に比較検討しているものに丸岡恵梨子の論
攷[49]があるが，その検討結果は**表1**[50]のようにまとめられる。

表1　［資産負債アプローチvs.収益費用アプローチ］における繰延資産と引当金

資産負債アプローチ	繰延資産	資産 ＝ 将来における経済的便益 → 資産性なし	認められない
	引当金	負債性の有無が問題	条件付き債務以外は認められない
収益費用アプローチ	繰延資産	資産 ＝ 原価の未費消分 → 資産性あり	認められる
	引当金	狭義の発生主義によれば未発生 → 費用・収益の対応による	認められる
		広義の発生主義（原因発生主義）によれば発生	

　しかしながら，これは当たり前というべきか。本章の冒頭にお
ける「いかにも会計らしいもの，会計っぽいものといえば，減価
償却，それに引当金と繰延資産が挙げられようか」との記述には
［資産負債アプローチvs.収益費用アプローチ］において収益費用
アプローチを採る場合，あるいは，収益費用アプローチこそが会

49　丸岡恵梨子「繰延資産と会計上の引当金項目の再検討――収益費用
　　観と資産負債観の観点から」『中央大学大学院研究年報　理工学研究
　　科篇』第44号，2014年。
50　筆者が作成。

計，とする立場が前提されており，少なくとも収益費用アプロー
チがもたらしたこの二つの項目をこのアプローチが認めるのは自
明のことだろうし，他方，これと vs. の関係にある資産負債アプ
ローチによるこの二つの項目の否定は，論理的には決して自明で
はないとはいえ，意外なことでは決してないだろう。

　また，資産負債アプローチにおいて資産性，負債性が云々され
ることは適当ながら，収益費用アプローチにおいて問われるべき
は，繰延資産の資産性ではなく，当期の費用とはしない，という
ことの意味ではないだろうか。

引当金と利益　　　　　利益計算に目をやれば，繰延資産の計上は費用
　　　　　　　　　　を減らし，したがって，利益を増やし，他方，
引当金の計上は費用を増やし，したがって，利益を減らす，とい
うことは言を俟たず，例えば保守主義的な思考よりすれば，むし
ろ，引当金の方が肯定されようが，しかし，強ちそうでもない。
すなわち，引当金についてはときに「利益の費用化現象」[51] が指
摘され，その結果の「利益の過小計上による配当可能利益の縮減
は，大株主所有の株式をふくむ株式一般にたいして妥当すること
となる」[52] とされているが，しかし，「配当政策，すなわち利益
留保政策による株価上昇の効果は，株主一般にたいして一様では
ない」[53] とされ，すなわち「大株主たちにおいて……引当金会計

---

[51]　會田義雄「引当金論」『會計』第 100 巻第 2 号，1971 年，45 頁。
[52]　熊谷重勝『引当金会計の史的展開』1993 年，53 頁。
[53]　同上，53 頁。

は，留保利益をふくむより拡大した資本の支配を可能にする」[54] ともされ，他方，利益を増やす繰延資産については「繰延べを必要とする理由は，配当可能性という，きわめて端的な実務上の要求にあると考えられる」[55]。

　ただし，上に引かれた「利益の費用化現象」はかつて（1960 年代頃）のわが国における利益留保引当金の頻用，「引当金」概念の拡大について述べられたもの [56] だったが，他方，杉本によれば，引当金は「評価性引当金」と呼ばれようが「負債性引当金」と呼ばれようが「いずれも「利益性引当金」にほかならない」[57] とされ，しかし，

　　（借方）利益　XXX ／（貸方）○○引当金　XXX
ではなく，

　　（借方）○○引当金繰入　XXX ／（貸方）○○引当金　XXX
という処理が行われるのはこれが当期利益の算定より前に行われるからに過ぎないとされる [58]。

　また，引当金を設ける時機については「純粋に理論的にみたとき引当金に見う借方項目は当期に属する費用，損失ではなくて，当期所得の控除であり，引当金は当期所得を控除して振替えた留保所得である」[59] として引当金は当期利益の算定後に設けられる

54　同上，53 頁。

55　戸田「繰延資産会計論」295 頁。

56　會田「引当金論」45 頁。

57　杉本『引当経理と繰延経理』145 頁。

58　同上，145〜146 頁。

59　岡崎虎一「引当金の本質について──引当金留保所得説」『會計』第 97 巻第 1 号，1970 年，99 頁。

べき [60] とする向きもあるが，ただし，「純粋に理論的にみたと
き」とするこの向きは，けだし，一元論に非ずば完全な理論に非
ず，といった立場から，既存の説は負債性引当金と評価性引当金
を二元的に捉えるもの，あるいは負債性引当金のみを引当金とす
るものであって，完全な理論に非ず [61] とし，「留保所得説」[62] を
もって負債性引当金と評価性引当金を一元的に捉えようとしてお
り，一元論にせんがための一元論，といった感が否めない。

保守主義　　前項に少しく言及された保守主義については例えば
次のように述べる向きがある。

「繰延資産は，その強度の無形性から資産性認識の困難性を
伴なうから，保守主義はその設定については消極的であり
……保守主義は繰延資産の設定については慎重でこれをなる
べく費用計上へと判断づけようとする」[63]。

あるいは，沼田嘉穂によれば，「保守主義の立場から，収益の
前行計算は原則として行なわれない。費用の前行計算はときに行
なわれる。引当金の計上はその最も顕著な例である」[64] とされ，

60　同上，112頁。
61　同上，97〜98頁。
62　同上，97頁。
63　古谷允寿「無形固定資産・繰延資産と保守主義」『熊本商大論集』
第47号，1975年158頁。
64　沼田嘉穂「繰延資産と引当金の類似性について」『駒大経営研究』
第11巻第2号，1980年，293頁。

他方,「費用の後行計算は保守主義の原則に反するものゆえ, 原則的には行なわれない。ただしその例外として繰延資産の計上がある」[65] とされ,「保守主義の立場から見て, 引当金の計上は望ましいものであり, 繰延資産の計上は望ましからざるものである」[66] とされる。

なおまた, この沼田によれば, 引当金は費用・収益の対応, 損益の期間的均等化, および保守主義をもって根拠とするが, 他方, 繰延資産の根拠は損益の期間的均等化よりほかになく, したがって, 別言すれば, 引当金と繰延資産は損益の期間的均等化において共通性が認められるとされる[67]。

「繰延資産と引当金とを費用の均分計算のみの観点からすれば, 繰延資産が既に発生した費用についての計算であり, 引当金は将来発生すべき費用についての計算である点を除いて, 全く同一性質の借方および貸方項目である」[68]。

畢竟, 沼田においては, 費用・収益の対応についても, 保守主義についても不適性を有する繰延資産は概して好ましいものではない[69], とされているが, ただし, 費用・収益の対応についての不適性の意味はいま一つ理解しえず, また, 沼田は「繰延資産を資産の限定に入れるためには, 過去において費用の支払があった

65　同上, 293 頁。
66　同上, 294 頁。
67　同上, 289〜297 頁。
68　同上, 295 頁。
69　同上, 297 頁。

が，それに対応する収益が費用の支払われた事業年度に発生しないため，これを償却することができない。よって次期以降でその償却をするため，一時的に繰延べられた費用の未償却高である，との定義を承認する以外に途はない」[70] とも述べている。

いずれにしても，沼田においては，引当金ではなくして，繰延資産こそが問題視されるが，保守主義において問題となるのは繰延資産はこれが利益を増やすことか，あるいは繰延資産はこれに財産性がないことか。業績指標としての利益の増加は財務諸表の利用者の楽観をもたらすという点において保守主義に反し，配当源としての利益の増加はキャッシュ・アウトフローの増加をもたらすという点において保守主義に反し，財産性のない資産の計上はそれ自体が保守主義に反するともいえようか。

なおまた，沼田は「保守主義の立場から見て……繰延資産の計上は望ましからざるものである」と嘆くばかりだが，他方，保守主義の機能を認める木村によれば，「どのようなばあいにも，保守主義は会計原理の一つであり……繰延資産が過大になることに対しては過小になることよりもいっそう警戒されなければならず，その償却は遅すぎるよりは早すぎるように判断されるべきである」[71] とされ，さらに「この原則（保守主義の原則）は，期間損益計算において費用収益期間的対応の原則が基本的原則として認められるまで，企業会計における黄金律とせられ……尊重せられて

---

[70]　同上，289 頁。

[71]　木村「繰延資産会計論」457 頁。

きた」[72] としてその機能を積極的に認める戸田義郎によれば，
「繰延資産は会計学における保守主義の原則によってささえられ
ている」[73] とされる。すなわち，戸田によれば，「費用の一部と
失費の繰延べについては，これを社会的・政治的妥協の産物と認
めるべきであって，したがって，そこに会計学上の原則による裏
付けが発見せられないかのごとくであるが」[74]，「しかし，それ
では，その点で繰延資産はまったく会計学的な原則の裏付けを得
ていないかといえば，かならずしも，そうではない」[75] とされ，
「それは繰延資産は会計学における保守主義の原則によってささ
えられているからである」[76] とされる。いわく，「少なくともそ
れらのものに関する繰延べ期間の決定については，そこに保守主
義の原則の裏付けを受けた客観的な要請の存在を指摘することが
できるのであって，繰延資産はかならずしも，終始あいまいに，
妥協によって処理せられているものではないのである」[77]。

**「引当金と繰延資産」論
の意義**

いまさらながら，引当金と繰延資産
をもって俎上に載せた事訳は何か。
　それはこの両者に共通性，類似性
が看取されるからにほかならないが，どのような点において共通
し，類似しているのか。

72　戸田「繰延資産会計論」296 頁。
73　同上，296 頁。
74　同上，296 頁。
75　同上，296 頁。
76　同上，296 頁。
77　同上，297 頁。

　いかにも会計らしい，会計っぽい，という点は既に述べたが，これは抽象的に過ぎるとされようか。

　「擬制」において共通性を有するともされうる一方，「裏腹の関係にある」ともされ，しかし，「裏腹の関係」は共通性を含意している。

　繰延資産は「例外的」に非ず，とする向きがある一方，引当金と繰延資産はいずれも「例外的」とする向きもあり，後者によれば，例外性が共通性ともされようが，他方，引当金を肯定し，繰延資産を否定する向きもあれば，引当金を否定し，繰延資産を肯定する向きもある。例外性をもって否定する向きもあるかもしれないが，例外は，意味あってこその例外，であって，例外であることこそにその存在意義が看取されようし，「意味あってこその例外」の「意味」こそが「会計らしいもの，会計っぽいもの」にほかならないといえようか。

会計主体論
——主体論の存在意義

第4章

　会計主体論を娯しみつつ，しかし，主体論の役割について些か懐疑的な筆者とすれば，主体論は面白いが，しかし，実は余り役に立たない。しかし，やはり面白い。役に立たないものこそが面白い，ともいえようが，しかし，主体論は役に立たないから面白い，というわけでもない。

　こうしたことをもって思量する。

前著の「会計主体論の存在意義」*1* を承ける。

役員給与課税制度論　　　法人税法における役員給与課税制度を
扱った論攷 *2* を読む機会をもった。税制
にはおよそ関心がないが，しかし，なかなかに興味深く読んだ。

　従来，役員賞与は隠れた利益処分とされ，その損金性はこれが
認められていなかったが，2006 年に従前の「役員報酬」と「役
員賞与」を併せた「役員給与」の概念が採られ，一定の条件の下，
役員給与を損金に算入することが認められることとなった一方，
不相当に高額な役員賞与はこれを損金不算入とする，という規定
は残されている *3* という制度についてその問題点が論じられてい
る *4*。

　如上の要旨が述べられた「はじめに」を読み，咄嗟に，これは
主体論だ，と思った。
　しかし，自問するのは妙かもしれないが，はてさて「これは主
体論」とはどういう意味か。

1　友岡賛『会計学の地平』2019 年，第 7 章。
2　内田瑛里「役員給与課税制度に関する一考察——現行制度の問題点
と新たな合理的判断基準の検討」慶應義塾大学大学院商学研究科修士
論文，2019 年度，2020 年。
3　ただし，以前は，過大な役員報酬の損金不算入，および，役員賞与
の損金不算入，として規定されていた。
4　内田「役員給与課税制度に関する一考察」4 頁。

**過大な役員給与を
めぐる議論**

まずは役員給与課税制度の沿革とこれにおける種々の議論が概観されている。

　　過大な役員報酬，役員賞与，ないし不相当に高額な役員給与（以下，「過大な役員給与」と総称）についての損金性の否定の根拠には史的変遷がみられ，あるいは隠れた利益処分の排除をもって根拠とされ，あるいは恣意性の排除をもって根拠とされ，あるいは租税回避の排除をもって根拠とされ，あるいは職務執行の対価性の不在，すなわち贈与的な給与の支払いの防止をもって根拠とされ，あるいは他の法制度との整合性をもって根拠とされてきたことが概観されている[5]。

　敷衍すれば，あるいは，過大な役員給与（の過大分）は実質的には利益の分配にほかならない，とされ，あるいは，過大な役員給与をもたらす役員給与の金額決定の背後には恣意性が存する，とされ，あるいは，過大な役員給与の支給は租税回避を結果する，とされ，あるいは，職務執行の対価性を欠く役員給与は贈与的な給与の性格を有する，とされ，あるいは，かつては利益処分とされていた役員賞与は，しかし，2005年の会社法制定以降，商法および企業会計においては費用として認められるに至っており，これは法人税法においても無視しえない，とされていることなどが説かれている[6]。

　費用性が否定されるものは利益の分配なのか。

---

[5]　同上，6～18頁。
[6]　同上，29～44頁。

　まずは大雑把に捉えれば，

　　収益 − 費用 = 利益

ないし

　　益金 − 損金 = 課税所得

において過大な役員給与が支給されると，

　　収益 − 費用↑ = 利益↓

ないし

　　益金 − 損金↑ = 課税所得↓

となる，といったことだろうが，費用性が否定されるものは利益の分配，とされるならば，過大分は右辺において扱われることとなろうか。

**企業実体の公準と
資本主説**

　さて，ここに株式会社形態の企業を前提として主体論を絡めてみるに，例えば，企業は株主のもの，とする資本主説においては，したがって，「企業の利益はそのままただちに，イコール株主の利益，として捉えられ」[7]，また，株主に分配されるものだけが利益，とされ，役員給与は費用とされ，過大な役員給与はその分，株主の利益の減少を意味しようが，ただし，けだし，過大な役員給与の議論に前提されている状況，すなわち資本と経営の分離が存しない状況にあっては，株主に対する配当も経営者（役員）に対する給与も実質的には同じ，ということができ，過大な役員給与によって利益が減り，配当が減ったとしても，畢竟，同じこと，

7　友岡賛『会計学原理』2012年，111頁。

ということができようか。

　しかしながら，これは資本主個人の立場においては「実質的には同じ」ということであって，したがって，企業それ自体と資本主個人を峻別する企業実体の公準の否定を意味しており，企業実体の公準を受けてこそ主体論がある，とされる場合，すなわち「企業を一つの実体として捉えるということが前提された上でもって，そのように捉えられた企業をどのように性格づけるか，の論こそが会計主体論」[8]とされる場合には如上の捉え方は否定されようか。

　なおまた，「「企業の利益はそのままただちに，イコール株主の利益，として捉えられ」，株主に分配されるものだけが利益，とされ」と前述したが，「そのままただちに」としてよいのか。あるいは「株主に分配されるものだけが利益」なのか，それとも「株主に分配されるものだけが利益の分配」なのか。企業実体の公準が存する場合には後者が適当なのか。分配された株主の利益と未分配の株主の利益を峻別することの意味は奈辺にあるのか。

　過大な役員給与は隠れた利益処分，とされ，費用性が否定されるものは利益の分配，とされるならば，［収益 － 費用 ＝ 利益］の右辺において利益の分配に与る者は誰か。叙上のような捉え方においては，これは株主であって過大分は配当ということになろうが，たとえ資本と経営の分離が存しない場合であっても，企業実体の公準はこれを墨守し，この利益の分配は経営者として与っ

8　同上，110頁。

ている，とするとどうなるか。この峻別に意味はあるのか。株主
以外の者も利益の分配に与る，とすると，それは最早，資本主説
ではない，ということか。資本と経営の分離が存しない状況はこ
れをどのように捉えるべきか。資本と経営の分離が存する状況を
起点としてみた場合には，同一者が資本主と経営者を兼ねている，
として捉えられ，資本主として分配に与り，また，経営者として
分配に与る，として捉えられようが，ただし，［資本と経営の分
離が存しない状況 → 資本と経営の分離が存する状況］が歴史的
な移行とするならば，分離が存する状況をもって起点とするのは
不自然なことだろうか。

　ただし，隠れた利益処分の排除をもって根拠とし，否定されて
いたのは過大な役員給与の（費用性ではなく）損金性だった。費用
性の否定と損金性の否定は必ずしも同義ではなく，また，「費
用」概念の捉え方によっては［狭義の「費用」＋「損失」＝ 広
義の「費用」＝「損金」］という関係にあるともいえようか。あ
るいは職務執行の対価性の不在，すなわち贈与的な給与の支払い
の防止をもって過大な役員給与の損金性の否定根拠とされていた
が，けだし，職務執行の対価性の不在はこれを狭義の費用性の不
在として捉えることができようし，贈与は損失として捉えられよ
うか。対価性のないものは贈与であり，対価性のないものは損失
とされようが，職務執行の対価性は経営者の職務におけるもので
あって，株主の職務ではなく，株主の職務はこれを出資と捉えれ
ば，配当は株主の職務執行の対価ということになろうか。

会計主体論の意義　いまさらながら，主体論の意義は何か。前項における論は主体論か。資本主説ではこうなり，企業主体説ではこうなり，企業体説ではこうなる，といった比較が主体論か。あるいはそれぞれの主体説の下，一貫したものを示すものが主体論か。

　まずは，資本主説ではこうなり，企業主体説ではこうなり，企業体説ではこうなる，といった比較が主体論かとも考え，そうした観点から過大な役員給与の問題を下記の数値例をもって扱ってみようと試みた。

　　収益 700
　　役員給与 150（過大分 50）
　　給与 100
　　支払利息 100
　　その他の費用 100
　　配当 100

　まずは
　　（借方）役員給与　　150／（貸方）現金　　150
と処理される役員給与について過大分を区別すれば，
　　（借方）役員給与　　100／（貸方）現金　　150
　　　　　　過大分　　　　50／
となり，役員給与，給与，支払利息，配当のうち，配当のみが利益の分配とされる資本主説において役員給与は費用とされ，しか

しまた，過大分は費用性が否定され，費用性が否定されるものは利益の分配とされるならば，

　　　（借方）費用　　100／（貸方）現金　　150

　　　　　　利益　　　50／

となり，もしも過大分がなければ，

　　　収益 700 − 費用 400 ＝ 利益 300　　配当 100

であったものが，過大分によって

　　　収益 700 − 費用 450 ＝ 利益 250　　配当 100

となり，過大分の費用性が否定されるならば，

　　　収益 700 − 費用 400 ＝ 利益 300　　配当 150

ということになろうか。

　また，企業は誰のものでもなく，別言すれば，企業は企業それ自体のもの，とする企業主体説においては，したがって，企業の利益は企業それ自体の利益，とされ，配当も給与等と同様に費用とされ，過大な役員給与はいずれにしても費用とされ，

　　　（借方）費用　　100／（貸方）現金　　150

　　　　　　費用　　　50／

ということになり，もしも過大分がなければ，

　　　収益 700 − 費用 500 ＝ 利益 200

であったものが，過大分によって

　　　収益 700 − 費用 550 ＝ 利益 150

となり，過大な役員給与によって費用が増え，その分，企業の利益が減る。

　さらにまた，企業は皆のもの，とする企業体説においては，したがって，企業の利益は皆の利益，とされ，給与も支払利息も配

当と同様に利益の分配とされ，過大な役員給与はいずれにしても
利益の分配とされ，

　　（借方）利益　　100／（貸方）現金　　150
　　　　　　　利益　　50／
ということになり，もしも過大分がなければ，

　　収益 700 − 費用 100 ＝ 利益 600　　分配 400　　残 200
であったものが，過大分によって

　　収益 700 − 費用 100 ＝ 利益 600　　分配 450　　残 150
となり，過大な役員給与によって利益の分配が増え，その分，皆
の持分が減る。

　　しかしながら，以上，果たして何が論じられたのだろうか。

会計主体論の役割　　　　主体論は一体，何のための論，なのだろう
　　　　　　　　　　　　　か。

　　例えばジョージ J. ストーバス（George J. Staubus）やロバート
N. アンソニー（Robert N. Anthony）の主体論を俎上に載せる佐藤
倫正によれば，ストーバスは，企業主体説においては株主資本の
コストが費用として認識される，ということをつとに認識してい
た[9]が，「しかし，当時のアメリカの現実の経済はそのようになっ
ていないし，その方向に変わりそうにもない。そこで彼は現実的
判断として，その方向への展開を捨てて，株主重視の残余持分説

9　　佐藤倫正「新概念フレームワークの会計主体論──IASB へのコメ
　　ントレター」『産業經理』第 74 巻第 3 号，2014 年，40 頁。

を展開したのであった」*10* とされる一方，「株主利益の最大化は現実的でないし，道徳的でもない」*11* と考えるアンソニーは「ストーバスが断念した株主資本コストを認識する会計を，粘り強く追求し」*12* たとされる。

　1980年代にあってアメリカにおいては株主重視が定着をみていたが，しかし，日本においてはさに非ず*13*，アンソニーは次のように述べている。

　　「EC諸国のほとんどと日本では，主として持分投資家によって，あるいは彼らのために，会社が運営されているとは解されていない。彼ら（これらの国々）*14* は，従業員や政府や社会一般を，重要な利害関係者とみなす」*15*。

　したがって，佐藤によれば，「株主の権利が事実上制約される日本型経営と，株主資本に一定限度の報酬のみを認めるアンソニー説とは，一脈通ずるところがある」*16* とされ，株主よりも従業員を重視する日本の企業のコーポレート・ガバナンスは企業主体説との親和性が高く，国際会計基準における企業主体説の採用

10　同上，40～41頁。

11　同上，41頁。

12　同上，41頁。

13　同上，42頁。

14　Robert N. Anthony, *Future Directions for Financial Accounting,* 1984, p. 92.

15　R. N. アンソニー／佐藤倫正（訳）『財務会計論——将来の方向』1989年，124頁。

16　佐藤「新概念フレームワークの会計主体論」42頁。

は，従業員の企業への帰属意識の向上等を通じ，日本の企業に益しよう[17]，とされる。

　佐藤において主体論は随分と積極的なものらしい。

　ストーバスは現実に即した主体説を採り，アンソニーは規範的な観点をもって主体論を展開し，日本の受ける「恩恵」[18]を顧慮する佐藤は，したがって，国益に鑑みて企業主体説を主張する。

　アンソニーは［資本主説（所有主観）vs.企業主体説（エンティティー観）］について次のように述べている。

　「1930年代に財務会計の焦点は所有主観からエンティティー観へと移行した。所有主観……はかなり最近まで支配的な会計思考であったが，今日では大多数の著者はエンティティー観を支持する」[19]。所有主観「の基本的な会計等式は，資産 − 負債 ＝ 所有主持分，すなわち，所有主持分は資産と負債との差額である，というものである。会計はこの差額の会計期間中の変化を測定することに焦点を合わせる。エンティティー観のもとでは，会計等式は，資産 ＝ 持分，となる。すなわち，所有主持分は他の形態の持分以上には際立たされない（should not be given more prominence than）[20]ことになる」[21]。

17　同上，42〜43，49頁。

18　同上，49頁。

19　アンソニー／佐藤（訳）『財務会計論』70頁。

20　Anthony, *Future Directions for Financial Accounting*, p. 52.

21　アンソニー／佐藤（訳）『財務会計論』70頁。

　しかしながら，「現行会計実務は依然として所有主観にか
なったものである」[22]。

　「所有主持分は他の形態の持分以上には際立たされない」はこ
れを別言すれば，株主を特別扱いしない，ということであって，
また，「エンティティー観の優越性は文献の上では一般に認めら
れている」[23] とされ，すなわち，会計の文献ないし理論は株主を
特別扱いしなくなったが，しかし，会計の実践は特別扱いをもっ
て続けている，ということだろう[24] が，ここに佐藤は日本の企
業による企業主体説に依拠したベスト・プラクティスに期待し，
次のように結んでいる。「個々の企業がベストプラクティスとし
て実行する道も残されていよう。文献的根拠はすでにあるのだか
ら」[25]。

　如上の主体論をめぐる状況は「管理会計は実践が先行し，財務
会計は理論が先行する，という理解」[26] に合致しているともいえ
ようが，これは「財務会計は会計を行う者（経営者）にベスト・
プラクティス追求の動機がなく，その意味において，理論が実践
に先行する」[27] ということであって，しかしながら，他方，「企
業主体説の採用は……日本の企業に益しよう」という佐藤の説に

22　同上，70 頁。
23　同上，70 頁。
24　文献ないし理論と実践の関係について以下のものを参照。
　　友岡『会計学の地平』65〜70 頁。
25　佐藤「新概念フレームワークの会計主体論」49 頁。
26　友岡『会計学の地平』70 頁。
27　友岡賛『会計学の基本問題』2016 年，160 頁（（　）書きは原文）。

よれば，「ベスト・プラクティス追求の動機がなく」はない，ということだろうか。

　いずれにしても，佐藤においては主体論が頻る重視され，実践を変えることができる手段と目されており，そうした手段としてみるという行き方は筆者の行き方とは異なる。「主体論の規定するもの」[28] は何か，について思量し，果たして「種々の選択問題はこれが主体論をもって規定されるのか」[29] と，主体論の役割について些か懐疑的な筆者とすれば，主体論は面白いが，しかし，実は余り役に立たない（しかし，面白い）。

**株主重視と
会計主体論**
　如上の佐藤における主体論の重視は，けだし，会計の問題と会計以外の問題の混同に起因しているのかもしれない。

　アンソニーによれば，所有主観（資本主説）「の基本的な会計等式は……所有主持分は資産と負債との差額である，というものである。会計はこの差額の会計期間中の変化を測定することに焦点を合わせる」ということだったが，「この差額の会計期間中の変化」は株主の利益のことであって，すなわち，株主の利益の測定（計算）[30] に「焦点を合わせる」ということであり，別言すれば，株主の利益の計算を重視する，ということであって，これは会計

28　友岡『会計学の地平』153 頁。
29　同上，153 頁。
30　「利益は計算するものであって測定するものではない」（友岡『会計学原理』82 頁）という論もあるが，ここではさて措く。

の問題である。しかしながら，株主の利益の計算を重視する，ということと，株主を重視する，ということは同じことではない。

株主重視ないし「株主利益の最大化」は，決して会計の問題ではなく，経営の問題である。株主の利益の計算の重視は会計の問題だが，他方，株主重視は経営の問題であって，両者は決して同じ問題ではない。会計において株主を特別扱いすることと経営において株主を特別扱いすることは同じことではない。

佐藤は主体論を重視し，主体論をもって大̇し̇た̇も̇の̇と̇考えているが，しかし，それは「株主利益の最大化」と「この差額の会計期間中の変化を測定することに焦点を合わせる」ことを一緒くたにしているからにほかならず，そうした混同があるからこそ，主体論は大したものとなる。しかしながら，「株主利益の最大化」は会計の問題ではなく，けだし，株主重視ないし「株主利益の最大化」と峻別された主体論（会計の問題）は実はさほど大したものではないといえようか[31]。

会計主体論の論点　会̇計̇主̇体論らしい論点にはどういうものがあるだろうか。

A. C. リトルトン（A. C. Littleton）によれば，「企業主体理論（entity theory）[32] においては，資本とは，その源泉の如何をとわず，企

31　この辺りは木村太一氏（多摩大学）との議論に負うところが少なくない。

32　A. C. Littleton, *Accounting Evolution to 1900*, 2nd ed., 1966, p. 192.

業に活動する財産の合計金額を意味する。この場合，負債は資本主による投資とならんで資本の源泉と考えられている」[33] とされる企業主体説については「負債は……他人資本として資本概念で捉えられる」[34] [35] とか，あるいは「この主体論では……負債は資本（自己資本）とともに，企業の資本源泉を表すものと説明される」[36] といった説明が一般的と思われるが，しかし，他方，「企業主体説の場合には株主によって提供された資金も債権者によって融通された資金も負債として捉えられる，といった理解も当然に考えられ，しかも，むしろ，そうした理解のほうが一般的かもしれないが，そうした理解を採る向き[37] と筆者の違いは恐らくは「資本」概念の捉え方にある」[38]。

　いずれが「一般的」であるかは定かでないが，「企業はだれの

33　リトルトン／片野一郎（訳），清水宗一（助訳）『会計発達史（増補版）』1978 年，292 頁。

34　野村秀和「贈与（受贈）利潤論」京都大学会計学研究室（編）『会計利潤論』1968 年，154 頁。

35　なお，野村秀和によるこの件（くだり）は実は「負債は企業体理論によれば他人資本として資本概念で捉えられる」と述べられているが，ただし，野村の「企業体理論」は「enterprise theory」の訳ではない。野村は企業体理論の説明にリトルトンの「企業主体理論（entity theory）においては云々」を引いており（同上，153 頁），すなわち「entity theory」に「企業体理論」の訳を用いている。

36　森川八洲男『体系財務諸表論（第2版）』2008 年，14 頁（（　）書きは原文）。

37　例えば下記のものを参照。
　平野智久「貸借対照表の貸方を検討するための基本的視座」『慶應商学論集』第 25 巻第 1 号，2012 年，22 頁。

38　友岡『会計学原理』116 頁。

ものでもない，あるいは，企業は企業それ自体のもの，と」[39]し，
配当はこれを支払利息とともに［収益 － 費用 ＝ 利益］の左辺
に置く企業主体説においては「株主によって提供された資金も
……負債として捉えられる」とする方が理論的とされようが，し
かしながら，果たして資本がなくてよいのか。資本がない，とい
うことはどういうことか。

　番場嘉一郎によれば，「エンティティー説において資本負債を
理解する立場としては，（イ）負債と解する立場，（ロ）資本ない
し資金源泉と解する立場，（ハ）持分（請求権，分け前）と解する
立場，（ニ）資産に対する拘束と解する立場が区別される」[40]と
され，「負債と解する立場」の例については「AICPA（American
Institute of Certified Public Accountants（アメリカ公認会計士協会））
の会計術語委員会（Committee on Accounting Terminology）は貸借
対照表上のエクィティーに相当する金額を負債という術語で表現
することとし，「負債」を定義して……資本金その他の資本項目
をも含むとしている」[41]とされているが，「これは貸借対照表の
貸方の統一的理解を試みるために……負債の用語を用いたに過ぎ
ない」[42]とされ，けだし，まずは「貸借対照表の貸方の統一的理
解」をもって主眼としているとされている。

　ただし，いずれにしても，「企業はだれのものでもない」とし

39　同上，113頁。

40　番場嘉一郎「持分会計の基本理論」番場嘉一郎（責任編集）『近代
　　会計学大系［第3巻］　持分会計論』1968年，10頁（（　）書きは原
　　文）。

41　同上，9〜10頁。

42　同上，10頁。

て企業を独立の存在と捉えることと資本（自己資本）と負債（他人
資本）を同等視することは，関聯はしているものの，しかし，次
元を異にしており，企業を独立の存在と捉えることと「貸借対照
表の貸方の統一的理解」は，関聯はしているものの，しかし，次
元を異にしている，といえようか。

　また，「持分」概念にもいくつかの解釈があり，捉え方によっ
ては企業主体説において齟齬をきたすこともないかもしれないが，
しかし，企業において持分を有する者を企業への参加者と捉える
場合（「持分」をもって，参加によって権利を有する部分，と捉える場
合）には，企業主体説には企業への参加者は存在せず，企業主体
説において「持分」概念は齟齬することとなろうか。なおまた，
この問題は「持分」概念と「資本」概念の捉え方に左右され，こ
の両概念を重ね合わせる場合には企業主体説において貸借対照表
の貸方を「資本」概念をもって捉えることは齟齬をきたすかもし
れないが，しかし，この両概念を峻別する場合には，企業主体説
に持分はないが資本はある，という捉え方もできようか。

　他方，「持分」といえば，この概念が最も活躍するのは企業体
説においてだろうが，総資産を考え，総資本維持を考える [43] 企
業体説にあって貸借対照表の貸方はすべて参加者の持分であり，
ただし，参加者の持分に加えて「いかなる利害者集団にも直接に
帰属しない持分部分であって……企業体はこれを利害者集団間の
利害調整の財源として使用する」[44] とされる「企業体持分」とい

43　第2章。

44　高松和男「持分の本質とその分類――企業体理論と持分概念」『會
　　計』第76巻第3号，1959年，54頁。

う概念を用いる向きもある[45]ものの，しかし，この概念は，こ
の向き自らが擬制[46]と認めているように，些か微妙といわざる
をえず，ただしまた，「これまでの論争のうちに，「受贈資本」
「補助金受入益」「贈与剰余金」など，さまざまな名称を付されて
きた」[47]国庫補助金の類いについては種々の捉え方があり[48]，ち
なみに，「企業体持分」概念を用いる向きによれば，「企業体理論
においては，贈与剰余金の本質を利害者持分とはみないで，すべ
て企業体に帰属するところの企業体持分と考える」[49]とされる。
この向きは「これらの贈与剰余金は，ほんらいは利害者集団から
企業体になされた投資であるが，利害者集団はこの投資にたいす
る請求権を放棄してしまっているので，すべて企業体に帰属する
にいたった部分であるということができる」[50]と続けているが，
些か微妙な「企業体持分」概念を否定し，また，贈与者には持分
（参加によって権利を有する部分）がないと解する場合，この類いを

45　例えば下記のものにおいて紹介，吟味されている。
　　平野智久「貸借対照表の貸方区分における預り金概念の試み」『慶
　　應商学論集』第 24 巻第 1 号，2011 年，6〜8 頁。
46　「ちょっと擬制になるかと思うのですが，企業体が企業体に対して
　　投資をするという関係でやはり投資関係と見ることができると思うの
　　です」（番場嘉一郎（座長）「資本会計（円卓討論）」『會計』第 76 巻
　　第 3 号，1959 年，81 頁（高松和男の言））。
　　　「しいて擬制的な説明をすれば，企業体が企業体自身に対して投資
　　をする，それが企業体持分だと考えることもできると申し上げたので
　　あります」（同上，83〜84 頁（高松の言））
47　平野「貸借対照表の貸方区分における預り金概念の試み」9 頁。
48　同上，9 頁。
49　高松「持分の本質とその分類」57 頁。
50　同上，57 頁。

もって資本と捉えるためには先述の「資本」と「持分」の峻別が要ることとなろう。

会計主体論を娯しみつつ　如上の議論は，筆者とすれば，実に面白く，大いに娯しむことができるが，しかし，その一方，主体論の役割について些か懐疑的な筆者とすれば，「はてさて「これは主体論」とはどういう意味か」と自問し続けるよりほかない。

　主体論を娯しみつつ，しかし，主体論の役割について些か懐疑的な筆者とすれば，主体論は面白いが，しかし，実は余り役に立たない。しかし，やはり面白い。役に立たないものこそが面白い，ともいえようが，しかし，主体論は役に立たないから面白い，というわけでもない。

会計情報論
——「比較可能性」の意味

第 **5** 章

　　会計情報の比較可能性はその諸相について思量し，あるい
は「比較可能性」概念の要不要をもって論ずる。

**利用者に好ましい会計基準と
作成者に好ましい会計基準**

「IASB（International Accounting Standards Board）（国際会計基準審議会）の「利用者指向」から「作成者指向」への基準開発上の変化」*1* をもって俎上に載せる向きによれば，会計基準については［会計情報の「利用者に好ましい会計基準」*2* vs.会計情報の「作成者に好ましい会計基準」*3*］という対置にてこれを捉えることができ，前者は「会計処理上の選択肢の削減や認識領域の拡大，公正価値測定領域の拡大」*4* 等がこれをもたらし，後者は「既存実務の免除や簡便化，例外規定の設定，会計処理上の選択肢の増加」*5* 等がこれをもたらすとされる。

　しかし，利用者に好ましい会計基準，あるいは作成者に好ましい会計基準とは何だろうか。［利用者に好ましい会計基準vs.作成者に好ましい会計基準］という対置はこれにどのような意味があるのだろうか。

比較可能性の諸相

「会計処理上の選択肢の削減や認識領域の拡大，公正価値測定領域の拡大」はこれを利用者の立場から読み解けば，「選択肢の削減」という行き方は比較可能性のある会計情報，あるいは経営者の恣意性が介入しな

1　小形健介「IASBの組織編成と基準開発の関係性」『會計』第 197 巻第 5 号，2020 年，79 頁。
2　同上，70 頁。
3　同上，70 頁。
4　同上，70 頁。
5　同上，70 頁。

い会計情報をもたらし,「認識領域の拡大, 公正価値測定領域の拡大」という行き方は企業の実態をちゃんと表す会計情報をもたらす, ということだろうし, 他方,「既存実務の免除や簡便化, 例外規定の設定, 会計処理上の選択肢の増加」はこれを作成者の立場から読み解けば,「既存実務の免除や簡便化」は情報作成コストの削減を意味し,「例外規定の設定, 会計処理上の選択肢の増加」は作成者にとって都合の好い会計情報の作成を意味しよう。

なお, [利用者に好ましい会計基準 vs. 作成者に好ましい会計基準] をもって [比較可能性のある会計情報 vs. 情報作成コストの削減] という視点に鑑みてみる場合には「マネジメント・アプローチ」と称される行き方をめぐる議論が想起されよう。「経営者が経営上の意思決定や業績管理のために使用する情報を基礎として外部報告用の情報を作成する方法」[6] とされ, あるいは「企業の内部的な経営組織や管理体制を重視し, これに基づいてディスクロージャーを要求するという考え方」[7] とされる「マネジメント・アプローチの長所の 1 つには, 企業の情報作成コストを小さくするという点がある」[8] とされる一方, このアプローチ「には比較可能性の面で短所があり」[9],「企業ごとにディスクロージャーの内容が大きく変わってしまう可能性があり, 企業間の比

---

6 浅野敬志『会計情報と資本市場——変容の分析と影響』2018 年, 100 頁。

7 川村義則「マネジメント・アプローチと比較可能性——米国のディスクロージャー基準をめぐる最近の動向」『JICPA ジャーナル』第 8 巻第 11 号, 1996 年, 76 頁。

8 同上, 76 頁。

9 浅野『会計情報と資本市場』122 頁。

較可能性が損なわれるという指摘が多い」[10] とされているが，しかし，「米国のディスクロージャー基準に見られるマネジメント・アプローチは，企業間の形式的な比較可能性を無理に追求することなく，むしろ云々」[11] とされており，すなわち，ここに「形式的な比較可能性」とそうではない比較可能性をめぐる問題が俎上に載るに至る。

　すなわち，本項の冒頭に述べられたのは「「選択肢の削減」という行き方は比較可能性のある会計情報……をもたらし」ということだったが，ただし，しかしながらまた，「選択肢の増加」はこれこそが実態をちゃんと表す会計情報をもたらし，したがって，有意味な比較可能性をもってもたらし，他方，「選択肢の削減」によってもたらされる比較可能性は形式的，表面的なものにしか過ぎない，とする向きもあることは言を俟たず[12]，こうした向きとすれば，［選択肢の削減vs.選択肢の増加］はこれを［利用者指向vs.作成者指向］と重ね合わせて捉えることはできないだろう。

　また，如上のことはこれを「統一性と弾力性」[13] という概念をもって説く向きがあり，「統一性は会計処理の選択の幅を狭めることを，一方，弾力性は会計処理の選択に幅をもたせることを意味する」[14] とし，「比較可能性の達成には統一性と弾力性を使い

10　　川村「マネジメント・アプローチと比較可能性」74 頁。

11　　同上，76 頁。

12　　友岡賛『会計学はこう考える』2009 年，214〜217 頁。

13　　中野貴之「IFRS の適用と財務情報の比較可能性」『會計』第 197 巻　第 6 号，2020 年，20 頁。

14　　同上，20 頁。

分けることが重要である」¹⁵ するこの向きは次のように述べている。

> 「近年，IFRS（International Financial Reporting Standards）（国際財務報告基準）適用国が世界中に拡大しつつある中，比較可能性という用語は両義的に使用されているといえよう。グローバル比較可能性の文脈で強調されているのは，基準統一化に伴う投資家の情報処理コストの削減効果であり，そこでは会計処理の選択の幅を狭め統一性を高めることに力点が置かれている。それに対して，財務会計の基礎概念としての比較可能性は，統一性ばかりでなく弾力性をも内包するものであり，現代の投資家によって要請されている比較可能性よりも幅広い基礎概念である。ただ，近年，IFRSをめぐる言説では前者の意味での比較可能性が強調される傾向にあることはたしかだろう」¹⁶。

ここでは「両義的」とされている「比較可能性」という概念は，さて，どのように定義されているのだろうか。

例えば財務会計基準審議会（Financial Accounting Standards Board）（FASB）の 1980 年のステートメントは「情報利用者に二組の経済現象の類似点と相違点を識別させる情報の特性（The quality of information that enables users to identify similarities in and differences

---

15　同上，20頁。
16　同上，21頁。

between two sets of economic phenomena)」[17]と定義した比較可能性について次のように述べている。

　　「特定の企業に関する情報は，もしもその情報を他企業に関する同種の情報および当該企業の他の期間または他の時点における同一の情報と比較することができるならば，非常に有用性が高まることとなる」[18]。

　　「投資および与信意思決定は本質的に代替的機会の評価を伴うものであり，したがって，比較可能な情報を入手できなければ，投資および与信意思決定を合理的に行うことはできない」[19]。

　　「企業間の財務比較をすることが困難であるのは，各企業が異なる会計処理方法を用いているからであり，この企業間比較の困難性が，会計基準を形成するための主な理由として長い間認められてきた」[20]。

　　「二つの測定値の間の比較可能性を確保するために，その二つの測定値のうちのいずれか一方を，情報の目的適合性か信頼性のいずれかが損われる方法で獲得せざるを得ない場合に，

17　Financial Accounting Standards Board, Statement of Financial Accounting Concepts No. 2, *Qualitative Characteristics of Accounting Information*, 1980, Glossary of Terms.
　　平松一夫，広瀬義州（訳）『FASB財務会計の諸概念（増補版）』2002年，59頁。
18　同上，113頁。
19　同上，114頁。
20　同上，114頁。

　比較可能性を向上させることは目的適合性または信頼性を損うかまたは弱めることになろう。……統一することによって，企業間に見られる現実の相違点をおおい隠してしまう場合には，そのような統一は情報の比較可能性に不利な影響を及ぼすことさえある」[21]。

　「比較することができるならば，非常に有用性が高まる」とはどういうことか。けだし，定量情報は他の定量情報と比較して初めて意味をもち，換言すれば，比較のない定量情報はおよそ意味をもたず，したがって，「比較することができないならば，有用性がない」とすべきとも思うが，まずはさて措く。いや，同様の記述は他のステートメントの類いにもみられ，例えば「比較可能ならば……大きな有用性を有する」[22]とされ，あるいは「比較可能ならば……さらに有用となる」[23]ともされているが，この手の記述をもって否定することは「比較可能性」概念不要論を意味するのか。「ただし，日本のASBJ（Accounting Standards Board of Japan）（企業会計基準委員会）討議資料（2004年版）では，比較可能性を表現の忠実性に包摂しうる場合もあることから，記述しないという立場を表明している」[24]とされているが，やはりさて措く。

　ところで，ここに引き合いに出されたFASBのステートメント

21　同上，115〜116頁。
22　中山重穂『財務報告に関する概念フレームワークの設定——財務情報の質的特性を中心として』2013年，56頁。
23　同上，56頁。
24　同上，56〜57頁。

については，例えば国際会計基準委員会（International Accounting Standards Committee）（IASC）が 1989 年に公表した「財務諸表の作成と表示に関するフレームワーク」などと較べた場合，比較可能性の重視の度合いが高くないとされている。すなわち，IASCの「財務諸表の作成と表示に関するフレームワーク」にあって比較可能性は，目的適合性および信頼性とともに，会計情報の一次的な質的特徴として位置付けられているが，他方，FASBの 1980年のステートメントにおいて比較可能性は，目的適合性および信頼性と並ぶものではなく，二次的，副次的な特徴とされており [25]，その事訳については「比較可能性は，個々の情報が単独では備えることができないもので，複数の情報の存在が不可欠であり，それら複数の情報の関係性を指している」[26] と説かれ，このステートメントは「比較可能性は，目的適合性または信頼性と同じ意味の情報の特性ではなく，むしろ二つまたはそれ以上の情報に見られる諸関係の特性（a quality of the relationship）である」[27] と述べている。しかしながら，「定量情報は他の定量情報と比較して初めて意味をもち云々」といった前出の理解よりすれば，「定量情報は複数の定量情報があって初めて意味をもち云々」と換言することができ，これは複数の情報をもって有用な一つの情報とみることを意味しようし，また，上に引かれた「比較可能性は，個々の情報が単独では備えることができないもので云々」は「比較可

25　浅野敬志『会計情報と資本市場』123 頁。

26　川村「マネジメント・アプローチと比較可能性」76 頁。

27　Financial Accounting Standards Board, *Qualitative Characteristics of Accounting Information*, par. 116.
　　平松，広瀬（訳）『FASB財務会計の諸概念（増補版）』115 頁。

能性」をもって「有用性」に置換してもよいだろう。

　閑話休題。前出の「両義的」とする向きが述べているように，確かにIFRSに至る国際的な会計基準設定の歴史は並べて選択肢削減の歴史であって，「IASC（International Accounting Standards Committee）（国際会計基準委員会）の目的は，会計処理の選択肢を減らし，会計基準を調和化することで，多国籍企業が海外で資金調達する時に準拠する基準を作ることであった」[28] とされ，特に1987年に採択されたIASCの比較可能性プロジェクトは「財務諸表の比較可能性を高めるため，会計処理の選択肢を削除するのが最大の目標であった」[29] とされ，選択肢削減を意味する統一性は利用者の情報処理コストの削減をもたらすが，ここにおいて情報処理コストは「（知らない）基準を学び習熟するための学習コスト」[30] と「比較を行うのに必要な調整計算コスト」[31] からなるとされ，ただし，弾力性の不在はときに企業の実態をちゃんと知ることができない，というコストをもって利用者にもたらす。

　例えば選択肢はA法に限る（例えば減価償却は例えば定額法に限る）とされている場合，前出の［利用者指向 vs. 作成者指向］という捉え方によれば，これは選択肢の削減であって，したがって，利用者指向とされようし，また，選択肢は唯一つであって，した

28　小津稚加子「国際会計基準の歴史——比較可能性プロジェクトとコア・スタンダード」野口昌良，清水泰洋，中村恒彦，本間正人，北浦貴士（編）『会計のヒストリー80』2020年，40頁。

29　同上，40頁。

30　中野「IFRSの適用と財務情報の比較可能性」17頁。

31　同上，17頁。

がって，統一性はこれを得ることができようが，ただし，A社にはA法が適している一方，B社にはA法よりもB法の方が適している（例えば定額法よりも定率法の方が実態をちゃんと表すことができる）というのであれば，B社の実態は，B法を用いた場合に較べて，ちゃんと表されず，また，B社の実態は，A社の実態ほどには，ちゃんと表されず，これは比較可能性に難あり，ということを意味しようか。しかしながら，A社の実態はちゃんと表されているが，B社の実態は余りちゃんと表されていない，という状況は，確かに，比較可能性に難あり，ではあるものの，けだし，比較可能性の問題に非ず，というべきか。例えば「財務情報の比較可能性は……①会計基準や会計処理方法の画一性[32]が高まることにより改善されるという見解と，むしろ②企業に会計処理方法を選択する自由を与えるほうが，企業の経済的実態を反映することができるという 2 つの異なる見解がある」[33] とする向きもみられるが，ここにおいて「①」は「比較可能性は……により改善される」とされているものの，「②」は比較可能性について述べているわけではない。

　他方，例えば，A社の会計情報もB社の会計情報もそれぞれ該企業の実態をちゃんと表している，というのであれば，そもそも「比較可能性」という概念自体が不要となろう。「比較可能性」概念不要論である。

　「実態をちゃんと表す会計情報……したがって，有意味な比較

32　注記 **45** をみよ。

33　若林公美「財務情報の比較可能性の尺度に関する研究」『甲南経営研究』第 57 巻第 3 号，2016 年，99 頁。

可能性云々」と先述はしたものの，A社の実態が知られ，B社の
実態が知られる，という状況は，けだし，「比較可能性」という
概念をもって要することがなく，例えば前に言及された「ASBJ
討議資料（2004年版）」は次のように述べている。

　「比較可能性については多くの時間が議論に費やされた。本
　来，表現の忠実性は「異なる事実には異なる会計処理を，同
　様の事実には同じ会計処理を」要請するものであって，異質
　な事実を一括りにして画一的な会計処理を要求し，経営者に
　よる裁量の余地を過度に狭めると，むしろ投資家にとっての
　意思決定有用性が損なわれかねないという議論がなされた。
　会計処理の画一的な統一に対する懸念が表明されたのである。
　また，表現の忠実性をそのように理解すると，比較可能性は
　表現の忠実性に包摂されてしまうのではないか，という議論
　もなされた。それらの議論を踏まえて，この討議資料では比
　較可能性を記述しないこととした」[34][35]。

　こうした討議資料の記述については「表現の忠実性は，同じ対
象には同じ表現を，異なる対象には異なる表現を要求する。……
討議資料において，いわゆる常識的な意味での比較可能性は，こ
の表現の忠実性に含まれると解されている」[36]とされ，また，

---

[34]　企業会計基準委員会「討議資料『会計情報の質的特性』」2004年，
　　　第21項。
[35]　この討議資料において「画一」はネガティブな語として用いられて
　　　いる。注記45をみよ。
[36]　大日方隆「会計情報の質的特性」斎藤静樹（編著）『詳解「討議資料 ↗

「重要な懸念が表明されたのは，比較可能性あるいは実質優先が
スローガンとして一人歩きし，会計処理の画一的統一の口実に利
用され，本来の意味が歪曲されているというポイントであっ
た」[37]といった意味合いの説明が加えられており，けだし，ここ
にいう「本来の意味」は「有意味な比較可能性」がこれに該ろう
か。なお，ここにいう「歪曲」，「口実」，「スローガン」について
は「同じ事実を違った基準で処理すると情報の比較可能性が損な
われるというのは，表現の忠実性といった信頼性の面だけでなく，
法形式に対する経済的実質優先のような，レリバンスに近い観点
からも主張されている」[38]とされ，「比較可能性や実質優先と
いった概念は……事実間の実質的な類似性を情報の利用目的にて
らして厳密に検討しないまま，基準の画一化という方向に偏って
便宜的に使われる傾向がある」[39]とされている。

　しかしながら，この討議資料はその 2006 年の修正版において
比較可能性をもって取り上げるに至る。

　　「会計情報が利用者の意思決定にとって有用であるためには，
　　会計情報には比較可能性がなければならない。ここに比較可
　　能性とは……比較に障害とならないように会計情報が作成さ
　　れていることを要請するものである」[40]。

↘　財務会計の概念フレームワーク』』2005 年，50〜51 頁。

37　同上，53 頁。

38　斎藤静樹『会計基準の研究（増補改訂版）』2013 年，136 頁。

39　同上，136 頁。

40　企業会計基準委員会「討議資料『会計情報の質的特性』」2006 年，
　　第 11 項。

「しかし，比較可能性は必ずしも，形式基準を求めるもので
も，画一的な会計処理を求めるものでもない。事実の差異が
会計情報の利用者の比較にとって必要であり，それを知るこ
とが利用者の意思決定に役立つのであれば，その差異に応じ
て，異なる会計処理が必要とされる」[41]。

　先にFASBの「比較することができるならば，非常に有用性が
高まる」という件（くだり）を問題視した筆者とすれば，ここにおける「有
用であるためには……比較可能性がなければならない」はこれに
首肯することとなろうが，それはさて措き，ここに比較可能性が
取り上げられた事訳については「比較可能性が問題とされる全て
の局面が表現の忠実性の中に包摂されているか否かは必ずしも明
らかではないのではないかという指摘があ」[42]ったため，とされ，
具体的には「2つの取引の外形的形式や一般属性が同じであるも
のの，実質が異なるケース……については，表現の忠実性に包摂
されているか否かが必ずしも明確ではないと考えられる」[43]とさ
れ，また，「特に強調しておく必要性があるのは……比較可能性
の要請に基づいて，状況に応じた会計方法の使い分けが求められ
ることもあるという点である。すなわち比較可能性には……「形
式が同じ2つの取引であっても，その実質が異なる場合には，そ
の違いを適切に反映するよう，異なる会計処理を適用すべきだ」

41　同上，第12項。

42　豊田俊一「2006年版の変更点と特徴」斎藤静樹（編著）『詳解「討
　　議資料　財務会計の概念フレームワーク」（第2版）』2007年，46頁。

43　企業会計基準委員会「討議資料『会計情報の質的特性』」2006年，
　　第20項。

という要請があることを忘れてはならない」[44] と補説され，「実質」の意味については「企業の将来キャッシュフローが投資家の観点から同じとみられる場合」[45] をもって「実質が同じ」[46] 場合としている，とされている[47]。

　もっとも，以上の議論には，会計は実態を表すべき，とする考え方が前提的に含意されており，ただし，筆者とすれば，そうとは考えない[48]。

　ところで，以上にあっては会計処理方法の相違と会計基準の相違はこれらを峻別することなく論じてきたが，この両者はどのように捉えられるべきか。

　例えば「IFRSの適用が支持される大きな理由の 1 つに，単一の会計基準のもとで財務諸表が作成される場合，それによって同業他社間の比較可能性が高まり，投資家の意思決定有用性が改善されるという点が挙げられる」[49] といった言い様がなされるが，「単一の会計基準」はこれが単一の会計処理方法を意味するもの

44　豊田「2006 年版の変更点と特徴」47 頁。

45　企業会計基準委員会「討議資料『会計情報の質的特性』」2006 年，第 20 項。

46　同上，20 項。

47　大日方隆「会計情報の質的特性」斎藤静樹（編著）『詳解「討議資料　財務会計の概念フレームワーク」（第 2 版）』2007 年，80 頁。

48　友岡賛『会計と会計学のレーゾン・デートル』2018 年，55 頁。
　　友岡賛『会計学の考え方』2018 年，164 頁。

49　若林公美「IFRSと財務情報の比較可能性」『国際会計研究学会年報』2017 年度第 1・2 合併号，2018 年，118 頁。

ではないことは言を俟たず，しかし，選択肢の多い基準もあれば，選択肢の少ない基準もあることに鑑みれば，「単一の会計基準」の場合であっても複数の会計基準の場合よりも選択肢が多いこともありえ，また，会計基準はこれを会計処理方法の束と捉えることもできようが，選択肢のない（単一の方法が規定されている）基準というものもありえ，とすれば，この両者の峻別の意味は奈辺にあるのだろうか。

　あるいはまた，会計基準と会計実務の関係を俎上に載せる向きもある。「統一的な会計基準は投資家にとっての情報コストと情報リスクを低下させるが，それは基準がコンシステントに適用される場合の話である。ボール（Ray Ball）によれば会計基準の統一と会計実務の統一は別問題であり，情報の比較可能性を高めて資本コストを削減するのに役立つのは，基準ではなく実務の統一である」[50] とされており，これにはおよそ異論がないが，この指摘をもって，筆者のいう「会計処理方法」はこれが，プラクティスではなく，ルールを意味していることを知り，「会計基準」もルールであることに鑑みれば，会計処理方法の相違と会計基準の相違の峻別はやはり意味がないという理解に至る。

統一性の諸相　　けだし，前項にみた比較可能性ないし統一性をめぐる議論はこれに三つのステージを認めることができようか。

---

[50]　斎藤『会計基準の研究（増補改訂版）』391 頁。

　第 1 に，選択肢の削減，すなわち統一化はこれが比較可能性を
もたらし，これは利用者指向の行き方として捉えられる，とする
論があり，しかし，第 2 に，選択肢の増加，すなわち弾力性はこ
れこそが実態をちゃんと表す会計情報をもたらし，この行き方と
の対比においては，統一性はこれを，むしろ，ネガティブに「画
一性」と別言した方が適当かもしれず[51]，しかるに，弾力性はこ
れをネガティブにみた場合には主観的な判断，ひいては恣意性の
介入をもって含意する，とされる。前出の引用においては「統一
性と弾力性を使い分けること」とされていたが，こうした［画一
性vs.弾力性］はこれを［客観性vs.実○］と捉えることができ，
「この実○とは実質とか，実情とか，実態とか，実体とかのこと
で，こうした実○をもとめようとすると，どうしてもそこには判
断とか，見積もりなどにおける主観的なファクターが入り込んで
くる，ということで」[52] あるとされる。ただし，そうした弾力性
の短所を補う役割，あるいは弾力性の長所を活かす役割はこれが
会計プロフェッションによって担われ，これは監査において，あ
るいは会計基準の設定において認められ，「会計プロフェッショ
ンが基準設定権限を持つことのメリットとしては「弾力性」の保

---

[51]　もっとも「画一」という語にネガティブなものが看取されるかどう
か，という点は語用者により，あるいは文脈により左右され，例えば
次のようにも述べられる。「一般に，会計基準や会計処理方法の画一
性が高まると，財務情報の比較可能性が高まると期待される。たとえ
ば，IFRSの導入がそれである」（若林「財務情報の比較可能性の尺度
に関する研究」79 頁）。

[52]　友岡『会計学はこう考える』221 頁（ルビは原文）。

持が挙げられる」[53] ともされる。

　要するに，第1のステージにおいては，弾力性は看過され，あるいはさて措かれ，専ら統一性をもってする比較可能性をもって利用者指向とされ，第2のステージにあっては，［利用者指向vs.作成者指向］という対置はこれを行うことなく，［統一性vs.弾力性］ないし［画一性vs.弾力性］ないし［客観性vs.実○］といった対置の下，二通りの行き方の長短が，概して利用者の観点から，比較衡量されることとなるが，しかし，第3のステージにおいては，統一性にこそ意味がある，とされようか。その場合，弾力性は看過されるわけでも，あるいはさて措かれるわけでもなく，統一性に積極的な意味が与えられ，統一的な形をもって行うことにこそ意味がある，とされることとなろうか。

　すなわち，第3のステージにおける主張は，例えば，会計にあっては減価償却が行われ，これは定額法をもって行われる，といった決め事の意義を重視する。むろん，今日の会計にあって減価償却は費用配分の手続きとされ，減価（価値の減少）の評価には非ず，とされていよう[54] が，それはさて措き，減価がどうあろうとも，如上の決め事をもって行うということに意味がある。ここにおいて，定額法の減価償却，という決め事は制約と捉えられようが，けだし，制約には制約の存在意義がある。

　叙上のことは複式簿記についても同様だろう。複式簿記は会計

53　大石圭一「会計基準」斎藤静樹，徳賀芳弘（責任編集）『体系現代会計学［第1巻］　企業会計の基礎概念』2011年，453〜454頁。

54　友岡『会計学の考え方』第3章。

の特長ないし特徴であるとともに制約であって，ときに「ハード
ル」とも称される。某氏いわく，「複式簿記を依然として採用し
ている……ため……ストックの変化に基づく利益とフローの変化
に基づく利益が……一致しなければならないという基本条件が会
計制度の設計者に対してハードルとして課されたままとなってい
る」[55]。

　しかしながら，制約ないしハードルはこれこそが会計の特徴，
いや，会計の特長といえようか。

---

[55]　中村文彦「純資産の意味（考）」『會計』第 198 巻第 1 号，2020 年，69〜70 頁。

会計基準論
——ルール弾力化の意味

第 6 章

　公然となされる会計ルールの弾力化，会計基準の緩和の意味をもって考え，また，それを通じて企業における経済事象・経済状態と会計数値の関係について思量する。

トップ記事　　「減損見送り」*¹* という主見出しに「会計ルール弾力化」*²* という袖見出しが続く某紙のトップ記事は次のように要約されている。

　「金融庁や日本公認会計士協会などは新型コロナウイルスの感染拡大に伴う需要の急減を受け，企業がただちに工場や店舗の資産価値の切り下げを迫られないようにする方針だ。……会計ルールの適用を弾力化することでコロナに伴う業績悪化を和らげる」*³*。

　「コロナの感染拡大に伴う需要の激減で……本来ならば減損処理が必要になりかねないが，機械的にルールを適用せず柔軟に対応することを認める方針だ」*⁴* とされ，また，継続企業の前提に対する疑義に関する注記については「疑義のついた企業は格下げになり，融資を受けにくくなることも想定される。コロナの終息がまったく見通せないなか，画一的に運用すると多くの企業がこのルールに抵触する懸念が出てくる。このためコロナの拡大に伴う不透明感が漂うあいだは，すぐに適用しなくてよいようにする」*⁵* とされている。

　弾力化それ自体の意味は「経済の混乱を回避するため」*⁶* とい

1　『日本経済新聞』第 48158 号，2020 年，朝刊 1 面。
2　同上，朝刊 1 面。
3　同上，朝刊 1 面。
4　同上，朝刊 1 面。
5　同上，朝刊 1 面。
6　前田昌孝「会計基準を緩めていいのか」『企業会計』第 72 巻第 7 号，↗

うことであって，「現行の会計基準を厳格に適用すると，減損損失を計上する企業が相次ぎ，赤字が続出して日本全体が信用不安に襲われる」[7]といったことだろうし，「会計基準が国家のガバナンスと深く関わっている以上，政治・行政の介入は不可避」[8]ともされようが，しかしながら，この報道は何を意味しているのだろうか。

　もっとも日本公認会計士協会は直ちに如上の報道を否定している[9]が，筆者とすれば，真偽のほどは問題ではない。筆者の関心は，如上の報道がなされること，これ自体にある。

　「かねない」や「懸念」は何を案じているのだろうか。「本来ならば」必要なものをどうして，しなくてよいようにする，のだろうか。「業績悪化を和らげる」とはどういうことだろうか。

　いずれにしても，どこかで聞いたような話である。

　2020年，66頁。

[7]　同上，66頁。

[8]　大石圭一「会計基準」斎藤静樹，徳賀芳弘（責任編集）『体系現代会計学［第1巻］　企業会計の基礎概念』2011年，466頁。

[9]　「昨晩および今朝の会計ルールの弾力化に関する報道の内容については，当協会から発したものではありません。また，このような報道がなされることについて，当協会が事前に承知していたものでもありません。企業の決算及び監査に携わる会員・準会員各位におかれましては，冷静な対応をお願いいたします。なお，当協会は，関係各位と連携を密にして，新型コロナウイルスの感染が拡大している現状を踏まえた適切な対処方針について，引き続き検討し，会員・準会員各位に適時に情報発信して参ります」（日本公認会計士協会「昨晩および今朝の日経新聞の一部報道について」（https://jicpa.or.jp/news/information/2020/20200403igf.html）2020年4月3日）。

リーマン・ショック　デジャブではない。やはり，どこかで聞いたような話である。

　新型コロナウイルスといえば，その経済への影響の深刻さはリーマン・ショック級とも，リーマン・ショックを上回るともいわれるが，リーマン・ショックといえば，あのときにも同様のことがあった。

　時価会計基準の緩和だった。リーマン・ショックによる不良資産の評価損をもって減らすべく，金融商品を時価評価する時価会計基準を部分的に凍結する，ということだった。あるいは「理外の理」，あるいは「政治判断」，あるいは「緊急避難」といった説明がなされ，損失が生じているという実態が時価会計によって示されることは好ましくない，ということばかりか，時価会計が金融危機をもって増幅している，と考えられていた[10]。

　リーマンとコロナの異同の一つは前者は金融商品の評価損，後者は業績の悪化ということかもしれないが，これは異同か，それとも，畢竟，同じことか。

「悪化を和らげる」　さて，コロナ禍に戻り，前出の「かねない」や「懸念」は何を案じているのか，といえば，コロナによって業績が悪化し，業績の悪化という実態をちゃんと反映すべく，ちゃんと減損処理を行った場合，継続企業

10　友岡賛「会計と会計学のレーゾン・デートル」『企業会計』第71巻　第1号，2019年，55～56頁。

の前提に対する疑義などを通じ，最悪の場合には破綻に至る虞も，ということだろうし，体力，資本力のある企業における破綻の虞は，一部は会計（減損処理）の所為で，ということになり，そのことは「「固定資産の減損に係る会計基準」……の怖さ」*11* などといった言い様にも看取されようが，ただし，資本力に乏しい小規模な企業の場合は，減損処理の有無とは無関係に，すなわち，会計とは無関係に，資金繰りの悪化をもって，ときに破綻へと至る。むろん，会計数値は資金繰りを左右するが，ときに会計数値に左右されるまでもなく破綻へと至る。

　また，これも前出の「業績悪化を和らげる」には二つの意味があろうか。会計ルールの適用の弾力化によって，会計数値の悪化を和らげる，という意味と，弾力化によって，会計処理（減損処理）による実態の一層の悪化を和らげる，という意味があろうし，後者は，会計数値の悪化による資金繰りの悪化を和らげる，ということだろう。

　なお，今般の件はコロナ禍の経済停滞を受けての減損ルールの緩和ということだが，ただし，減損処理については 1980 年頃に「経済停滞の中……伝播した」*12* という史実がある。「貸借対照表上の資産価額を切り下げることは，その後の費用負担を軽減し，結果，利益を大きく算定する効果があると考えられたため」*13* と

11　前田「会計基準を緩めていいのか」66 頁。

12　澤登千恵「減損会計」野口昌良，清水泰洋，中村恒彦，本間正人，北浦貴士（編）『会計のヒストリー80』2020 年，71 頁。

13　同上，70 頁。

されており，興味深いが，まずはさて措く。

軽視に非ず　　　リーマン・ショックの際の時価会計基準の緩和については会計の専門家サイドから「本末転倒」との指摘がなされ，不快感が示され，会計軽視を嘆く声が聞かれたが，しかしながら，筆者はこの緩和をもって，むしろ，会計はこれが重視されていることの証左と捉えている。けだし，会計数値に意味があるからこそ，これに手を加えようとする，という筋合いにあるからである [14]。

　軽視が問題でなければ問題は何か，というか，興味深い点は何か，といえば，コロナ禍についていえば，業績の悪化という実態を示さないためにルールを緩めてしまう，ということが憚りもなく公言され，堂々と，およそ批判的なコメントもなく，トップ記事となっている，ということである。恥ずかしくないのだろうか（誰が誰に対してか，分からないが）。

　また，この記事は世間をして幾つかのことを知らしめている。第 1 に，コロナによって業績の悪化が生じている，ということ，第 2 に，悪化の程度は会計のルールを緩めなければならないほど大きい，ということ，第 3 に，今後の会計数値は実態を示すものではなくなる，ということである。もっとも二つめのことについては，会計のルールの緩和は大事（おおごと），という認識が前提となろうし，叙上のような会計軽視を嘆く向きとすれば，会計のルールの緩和

---

[14]　友岡「会計と会計学のレーゾン・デートル」55〜56 頁。
　友岡賛「会計ファームはプロフェッショナルに徹するべき」『Best Professional Firm 2020』2020 年，2 頁。

118

は（会計の専門家以外の人々には）大事とは思われていない，という

ことになろうが，それはさて措き，世間は如上の三つのことを

知るに至ったのである。

　世間が知っている，というのはどういうことか。コロナによっ

て大きな業績の悪化が生じている，ということ，これを皆が知っ

ているのにどうしてルールを緩和するのか。ルールを緩和する，

ということ，これを皆が知っているのにどうしてルールを緩和す

るのか。今後，人々はどのように会計数値を用いるのだろうか。

　知っていても，知られていても，構わないのだろうか。

　皆が知った上で，しかし，皆がそれにしたがって行動するなら，

それはあり，なのもしれない。

　叙上のようなことを皆が知った上で，ルールの緩和がなされて

いようとも会計数値にしたがって皆が行動する，ということなの

だろうか。実態を示さないものであろうとも会計数値にしたがっ

て皆が行動する，ということなのだろうか。

会計言語論　　あるいは写像行為とされ，あるいは言語行為とさ

　　　　　　れる会計は，しかし，如上の状況にあっても果た

してそうか。

　企業における経済事象・経済状態という実態が対象としてあり，

別言すれば，企業の実態が本体（principal）としてあり，これが

写像され，写体（surrogate）としての会計数値がもたらされる，

とされ，あるいは，企業における経済事象・経済状態という実態

が会計という言語行為によって会計数値として表現され，伝えら

れる，とされる。

　会計をもって言語行為と捉える立場がどのくらい一般的なものか，筆者とすれば，定かでないが，全在紋によれば，「友岡や工藤（栄一郎）のみならず，学界には「会計はビジネスの言語である」と指摘する会計言語肯定論者はすこぶる多い」[15] とされ，筆者も「肯定論者」とされている。しかしながら，筆者とすれば，そのつもりはなく[16]，他方，「会計言語説敬遠は，友岡だけではない」[17] とされている点については，その通り，「敬遠」[18] している[19]，と認めたいが，そうした「友岡の姿勢は，残念に思われる」[20] とされていることについては，一向に残念ではない，としておきたい。なお，全によれば，「「会計はビジネスの言語とは無縁である」と明言する会計言語否定論者には，我われもこれまで遭遇したことがない」[21] とされているが，そもそも会計言語論などに関心のない向きはわざわざ否定することもなく，「無縁である」と明言する者に遭遇したことがない，ということはおよそ意味をもたない。

15　全在紋「複式簿記の誕生（新説）」『桃山学院大学経済経営論集』第61巻第4号，2020年，242頁。

16　会計言語説を紹介することはあるが，主張したことはなく，肯定もしたことはないが，否定したこともない。

17　全「複式簿記の誕生（新説）」242頁（圏点は原文）。

18　友岡賛『会計と会計学のレーゾン・デートル』2018年，18頁。

19　全によれば，筆者はこの説を肯定の上，敬遠している，とされているが，肯定も否定もせず，敬遠している。

20　全「複式簿記の誕生（新説）」241頁。

21　同上，242頁。

　翻って，例えば「企業の経済的判断が会計情報に与える影響」[22]といったことを俎上に載せ，「企業の経済行動が企業の財務数値，財務指標，企業評価に与える影響があること」[23]を指摘する向きがあるが，これはどういうことか。「企業の経済的判断」によってもたらされた「企業の経済行動」と会計数値等の関係は，「企業の経済的判断」ないしそれによってもたらされた「企業の経済行動」が会計数値等に影響を与える，ということは確かではあるが，第1に，本体が変われば写体が変わるのは自明であって，第2に，［本体 → 写体］の関係は，本体が写体に影響を与える，という関係ではないのではないか。もっともその「行動」が，経営を良くするためのもの，ではなく，会計数値を良くするためのもの，というなら，理解もできようが，しかし，「企業が事業の選択と集中を行うために，スピンオフ，事業譲渡，売却などの経済活動を行うことで，企業の財務数値，財務指標，企業評価に与える影響がある」[24]とされている。

　閑話休題。既述のように，企業における経済事象・経済状態という実態が対象としてあり，別言すれば，企業の実態が本体としてあり，これが写像され，写体としての会計数値がもたらされる，とされ，あるいは，企業における経済事象・経済状態という実態が会計という言語行為によって会計数値として表現され，伝えら

22　宮川宏「企業の経済的判断が会計情報に与える影響」『会計人コース』第55巻第7号，2020年，72頁。

23　同上，74頁。

24　同上，73頁。

れる，とされる。

　しかしながら，如上の状況はそうではない。人々は，会計数値を通じて知った実態にもとづいて行動している，のではなく，会計数値それ自体にもとづいて行動している，ということだからである[25]。

　しかしながら，こうした捉え方は実在論に立脚するとされ，「言葉が存在を規定している（唯言論）のであり，存在が言葉を規定している（実在論）のではない」[26]とする唯言論者からは批判されるのだろうか。唯言論者によれば，「かねて会計における表現を「写体」あるいは「写像」とみる見方が学界に蔓延しているが，会計実在論の典型であると言ってよい」[27]とされ，「実在論の破綻は，今や会計的にも明らかであろう」[28]とされる。

　むしろ，唯言論的に「「資産なるがゆえに貸借対照表借方に計上される」のではなく，「貸借対照表借方に計上されるがゆえに資産」なのである」[29]と解した方が問題はないのだろうか。実態というものの実在を措定しないのであれば，如上の状況にも齟齬はない，ということになるのだろうか。

　実態があって会計数値があるのではなく，会計数値があって実態がある。

　唯言論者によれば，「実在論や観念論の欠を知り，唯言論の完

25　友岡「会計と会計学のレーゾン・デートル」56 頁。

26　全「複式簿記の誕生（新説）」253 頁（（　）書きは原文）。

27　同上，254 頁。

28　同上，255 頁。

29　同上，253〜254 頁。

を知る一つの手立ては，異種言語体系間の比較である」[30] とされ，使用言語を異にする場合，眼前に存在する或るものに対する認識に差異が生ずる，という状況は実在論をもって否定する[31]，とされる。

　言葉を違えると，みえるものが違ってくる。会計数値（という言葉）があって経済事象・経済状態があり，経済指標等の経済学的な数値（という言葉）があって経済事象・経済状態があり，それぞれにおいて認識される経済事象・経済状態は同様ではない，ということか[32]。

　なお，会計言語論の意義はこれを次章が俎上に載せる。

会計情報の有用性　例えば「会計情報の有用性に焦点をあてた実証的会計研究」[33] を支持する向きによれば，「会計研究は会計情報がいかなる「経済的影響」を及ぼすのかを経験的証拠に基づいて分析することが使命」[34] とされ，「経済的影響というテーマの中には，会計情報が利害関係者（とりわけ投資家）の意思決定に影響を与え，投資家の行動を変えるほど

---

[30]　同上，251 頁。

[31]　同上，251 頁。

[32]　下記のものを参照。
　　友岡賛『会計学の考え方』2018 年，第 2 章。

[33]　伊藤邦雄「実証的会計研究の進化」伊藤邦雄，桜井久勝（責任編集）『体系現代会計学［第 3 巻］　会計情報の有用性』2013 年，1 頁。

[34]　同上，5 頁。

に有用性をもつのか……といった論点が含まれる」[35] とされているが，果たして［「行動を変える」情報 ＝「有用」な情報］なのだろうか。

　会計情報を提供することの意義はこれがまずは情報の非対称性の解消にあることは言を俟たず，例えば「情報の非対称性とは……端的にいえば，情報を知っている人と知らない人がいるというアンバランスな状態のことである」[36] とされ，「このようなアンバランスさを解消するのが情報開示にほかならない」[37] とされる。また，コロナ禍において俎上に載せられた「減損会計は投資家が認識できる経営実態が経営者の認識に近づく効果がある」[38] とされる。経営者は該企業の実態をよく知っているのに対し，投資者はよく知らず，したがって，投資者をしてよく知らしめるために会計情報の提供が行われる。ここに有用な情報とは実態をよく知ることができる情報のことであって，実態をよく知りえた投資者は適切な投資行動をもって行うことができる，という筋合いにある。

　しかし，リーマン・ショックやコロナ禍によるルールの緩和という状況においてもたらされる情報に如上の意味における有用性はなく，すなわち，「経営者が認識している経営実態と，投資家が公表資料から読み取れる経営実態とに乖離ができ」[39]，しかも，

35　同上，5 頁（（　）書きは原文）。

36　田口聡志『教養の会計学――ゲーム理論と実験でデザインする』2020 年，84 頁。

37　同上，84 頁。

38　前田「会計基準を緩めていいのか」66 頁。

39　同上，67 頁。

そのことを皆が知っている。しかしながら，公然となされるルールの緩和，公然となされる有用性の喪失は，会計情報はこれに如上の意味における有用性が求められているわけではない，かもしれない，ということを示唆している。

　また，人々は，会計数値を通じて知った実態にもとづいて行動している，のではなく，会計数値それ自体にもとづいて行動している，という先述の状況は，如上の意味における有用性はない情報であっても［＝「行動を変える」情報］であることを意味している。そうした「行動を変える」情報はこれをどのように捉えたらよいのだろうか。

　情報開示制度の要点については「第1は，情報劣位にある投資家が情報を得られる仕組みを作り，投資家がだまされない環境を設計することである」[40]ともされているが，ルールの緩和は公然となされ，したがって，投資者は「だまされ」ているわけではない。

　先に，果たして［「行動を変える」情報 ＝「有用」な情報］なのだろうか，と問い掛けたが，［ちゃんと実態を示す情報 ＝「有用」な情報］についてはどうだろうか。コロナ禍の件についていえば，［ちゃんと「工場や店舗の資産価値の切り下げを」行った情報 ＝「有用」な情報］ということであり，あるいは［ちゃんと継続企業の前提に対する疑義に関する注記が附された情報 ＝「有用」な情報］ということだろうが，この企業の資産には減損が生じているかもしれない，と思いつつ，あるいは，この企業に

40　田口『教養の会計学』85頁。

は継続企業の前提に疑義があるかもしれない，と思いつつ，しかし，その実態はこれを知ることができないような会計情報を用いることの意味は奈辺にあるのか。知らなくてもよいのか。いや，むしろ，知らない方がよいのか。

　ちゃんと実態を示していない情報を投資者は用いるのか。それが有用性を欠く情報であることを知りながら，用いるのか。皆，会計数値にもとづいて行動する，ということがお約束なのだろうか。制度，すなわち，社会的な約束事，である。強制力はなかろうとも，皆，とりあえずは会計数値にもとづいて行動する，という約束事である。

公然と，の意味　　もしかしたら筆者の発問はこれが筋違いだったのだろうか。本章において筆者はルールの弾力化，基準の緩和が公言され，すなわち公然となされていることに留意し，その不可思議さの意味をもって問うたが，ただし，公然となされ，皆が知っている，という状況は会計ルール，会計基準のなかにあるのだろうか。

　会計基準の意義については「資本市場においては取引の前提条件として情報の等質性を確保するための最小限のルールが必要になるが，個別・自発的な契約に任せていたのではコストがかかるため，市場参加者が市場における契約や慣行を標準化し，デファクト・スタンダードとして取りまとめたものが会計基準であ」[41]るともされ，ここにいう情報の等質性の確保とは「「絶対的な真

41　大石「会計基準」438～439 頁。

実性」を確保することではない」*42* とされ、「情報が「虚偽」で
はないことを示す「合意水準の保証」」*43* であるともされている
が、公然となされ、皆が知っている、という状況は或る種の合意
か。

　先述のように、資本力に乏しい小規模な企業の場合は、会計と
は無関係に、資金繰りの悪化をもって、ときに破綻へと至り、そ
の場合は会計の知ったことではないが、資本力のある企業におけ
る破綻の虞は、一部は会計の所為で、ということであって、これ
を回避すべくなされる弾力化、緩和はときに皆の同意の下、公然
と、或る種のフェアネスをもって行われる、ということか。

　ときに破綻を回避すべくなされる粉飾をもって肯定する向きも
みられるが、粉飾は、むろん、密かに、したがって、アンフェア
になされる一方、本章にて俎上に載せられた弾力化、緩和は公然
と、したがって、フェアになされる。「会計基準を緩めれば、企
業の投資価値は見えにくくなる」*44* が、ただし、投資者もそれを
知っている。トップ記事を通じて。

　2020 年は 4 月 3 日に日本公認会計士協会、企業会計基準委員
会、東京証券取引所、日本経済団体連合会、日本証券アナリスト
協会等を構成員として設けられた新型コロナウイルス感染症の影
響を踏まえた企業決算・監査等への対応に係る連絡協議会*45* が 4

42　同上、438 頁。
43　同上、438 頁。
44　前田「会計基準を緩めていいのか」66 頁。
45　金融庁「「新型コロナウイルス感染症の影響を踏まえた企業決算・
　　監査等への対応に係る連絡協議会」の設置について」（https://www. ↗

月 15 日に公表した「新型コロナウイルス感染症の影響を踏まえた企業決算・監査及び株主総会の対応について」は次のように呼び掛けている。

「投資家においては，投資先企業の持続的成長に資するよう，平時にもまして，長期的な視点からの財務の健全性確保の必要性などに留意することが求められる」*46*。

---

fsa.go.jp/news/r 1/sonota/ 20200403_kansa/ 20200403.html）2020 年 4 月 3 日。

46　新型コロナウイルス感染症の影響を踏まえた企業決算・監査等への対応に係る連絡協議会「新型コロナウイルス感染症の影響を踏まえた企業決算・監査及び株主総会の対応について」（https://www.fsa.go.jp/news/r 1/sonota/ 20200415/ 01.pdf）2020 年 4 月 15 日。

会計言語論
——言語論を援用することの意義

第 7 章

　繁く「事業の言語」と称される会計について，しかし，そうした会計を説明すべく，言語学を学び，言語学に学び，言語学を援用することに果たして意味はあるのか。会計言語論の意義は奈辺にあるのか。

　如上のことについて思量する。

　あるいは「言語論によれば」といわれ，あるいは「言語論的には」といわれ，あるいは「唯言論によれば」といわれ，あるいは「唯言論的には」といわれ，戸惑いを覚える。勝手にそういわれても……，という感じである。本章はそうした戸惑いに由来する。

事業の言語　　　ときに会計は言語に擬えられる。

　　　　　例えば近年の代表的なテキスト[1]の類いを開いてみれば，伊藤邦雄著においては「第1の会計の本質的な性格は，それが「事業の言語」(language of business) だということである」[2]とまでもいわれ，あるいは広瀬義州著には「ビジネスの言語」という語が繁くみられ[3]，「会計とりわけ財務会計はしばしばビジネスの言語であるといわれる」[4]とされ，「とりわけ財務会計」の理由はさて措き，「ビジネスの言語としての財務会計」という言い様が散見される[5]ものの，ただし，「ビジネスの言語としての財務会計は……外部の利害関係者に対して当該企業の経済活動および経済事象を測定し報告することを目的としている」[6]といった記述において冒頭の「ビジネスの言語としての」にはその存在意義を認めることができず，あるいは「「日本一読まれている財務会計のテキスト」と謳われている」[7]桜井久勝著には

1　　友岡賛『会計学の考え方』2018 年，36〜41 頁。

2　　伊藤邦雄『新・現代会計入門（第 4 版）』2020 年，44 頁（（　）書きは原文）。

3　　広瀬義州『財務会計（第 13 版）』2015 年，1，21，22，67，101 頁。

4　　同上，22 頁。

5　　同上，21，67，101 頁。

6　　同上，67 頁。

7　　友岡『会計学の考え方』37 頁。

「言語」という語はこれをおよそみることができない[8]。

会計言語説の一般性　冒頭には「ときに会計は言語に擬えられる」と些か控え目の言い様をしたが，会計をもって言語とみる行き方は果たして一般性をもっているのだろうか[9]。

　1992年刊の或る書は既に「会計を言語とみることは，すでに学界の「通念」になっている」[10]としており，あるいは1994年刊の或る書の所収論攷はこれも既に「会計を一種の言語とみる考えは……今では斯界の定説になっているとさえいえる」[11]としているが，ただし，何をもって「通念」とするかは定かでなく，何をもって「定説」とするかは定かでなく，あえて「既に」としてはみたものの，今日とて「「通念」になっている」のかどうか，今日とて「定説になっている」のかどうか。

　また，些か興味深いことには1979年，すなわち40年以上も前に上梓された或る書においては「「会計とは何か」……に対して

8　桜井久勝『財務会計講義（第21版）』2020年。

9　なお，「会計言語肯定論者はすこぶる多い」として筆者をもって「会計言語肯定論者」の一人に挙げた上，筆者の「姿勢」をもって「会計言語説敬遠」と批判する向きがある（友岡賛「コロナ禍と会計──会計学の基本問題〔Ⅳ〕（5）」『三田商学研究』第63巻第3号，2020年，38〜40頁）。

10　永野則雄『財務会計の基礎概念──会計における認識と測定』1992年，ⅰ頁。

11　長谷川茂「会計と社会言語的特性」飯野利夫先生喜寿記念論文集刊行会（編）『財務会計の研究──飯野利夫先生喜寿記念論文集』1995年，87頁

は〈事業の言語〉だと答える考え方がさかんになってきた」[12] と
され，その四半世紀後，2004 年刊の或る書にあっても「近年は
以前にもまして，会計の言語性が喧伝される」[13] とされ，しかも，
しかしながら，前者においては「事業の言語といっても，単なる
譬喩に終わらせてしまってはならない」[14] とされ，後者にあって
も「たいていは……表層的……皮相な譬えにとどまっている」[15]
とされており，このように皮相な譬喩に終始することをもって案
ずる向きは「会計を言語とみる見方は〈会計言語説〉とよばれ
……「会計とは何か」を明らかにしていくうえで き゛わ゛め゛て゛す゛ぐ゛れ゛
て゛い゛る゛」[16] といった認識の下，フェルディナン・ド・ソシュール
（Ferdinand de Saussure）のそれを首めとする言語学の諸説を援用
し，「言語一般の本質をかえりみての」[17] 会計言語説をもって展
開している。

　冒頭に引かれた伊藤著にいわれるように，「第 1 の……本質的
な性格」はこれが言語性に求められるということが肯定される場
合には確かに会計言語説をもって「きわめてすぐれている」と捉
えられようが，しかし，果たしてそうか。

　伊藤は別に彼自身が言語論を展開しているわけではないし，例
えば[18] 20 世紀中葉，A. C. リトルトン（A. C. Littleton）は「事業

12　伊崎義憲『会計学論考』1979 年，12 頁。
13　全在紋『会計言語論の基礎』2004 年，「はしがき」1 頁。
14　伊崎『会計学論考』12 頁。
15　全『会計言語論の基礎』「はしがき」1 頁。
16　伊崎『会計学論考』12 頁。
17　全『会計言語論の基礎』「はしがき」1 頁。
18　以下の記述は下記のものによっている。
　　青柳文司『会計学の原理（新版）』1979 年，4 頁。

を理解させるための事業の言語としての会計（accounting as the language of business to make business understandable）云々」[19] として「事業の言語」と述べながらも，しかし，会計の「他の学問分野との関係」[20] を論ずる際に「言語学」[21] の名も挙げ，「会計が……密接な関係を有していないことは論証をまたずして明らか（clear without a demonstration）である」[22] と門前払いしている。

　他方，例えばノーム・チョムスキー（Noam Chomsky）の変形生成文法論に依拠して[23] 「複式簿記一般理論」[24] の構築を図る田中茂次は言語学を用いることについて次のように述べている。

　　「一般に何語でもよいが，語学についての教育を受けた人ならば，語学について最低限の基礎知識は有しており，その意味で言語学への関心は万人にとって共通のものであると想定することができる。したがって，言語学への言及をなにか特殊なものと考える必要はない。われわれの見解も，特に言語についての理論を勉強しなければ理解できないというようなものではない」[25]。

---

19 A. C. リトルトン／大塚俊郎（訳）『会計理論の構造』1955 年, 144 頁。
　　A. C. Littleton, *Structure of Accounting Theory*, 1953, p. 99.
20 リトルトン／大塚（訳）『会計理論の構造』12 頁。
21 同上, 13 頁。
22 同上, 13 頁。
　　Littleton, *Structure of Accounting Theory*, p. 8.
23 田中茂次『会計言語の構造』1995 年, 14〜18 頁。
24 同上, 「序文」2 頁。
25 同上, 「序文」2 頁。

　しかしながら，「語学」は「学」とは称されるものの，「語学」
ではなく，また，「語学」は決して「言語学」ではなく，「語学に
ついての教育」は「○○語についての教育」にほかならず，「○
○語についての教育」を受けたからといって，「語学について最
低限の基礎知識」があるはずもなく，「言語学への関心」がある
はずでもなく，例えば構文論や意味論や語用論の存在を知るはず
もない。

　しかも，この向きいわく，「ことさらに言語学を持ち出さなく
ても，複式簿記の基本構造についての見方は，結局のところ，こ
のような形に帰着せざるを得なかったであろう」[26]。

　これはどういうことだろうか[27]。

　ちなみにまた，「会計情報と会計言語」[28] という二つの概念を
俎上に載せる或る会計言語論者いわく，「会計言語といいあるい
は会計情報といっても結局は，財務諸表などの会計報告をさして
いる。だから，どちらを使ってもよいのである」[29][30]。

26　同上，「序文」2 頁。

27　ただし，或る書評いわく，「「ことさらに言語学を持ち出さなくても
　　……」という田中教授の述懐は，評者にもよく理解できる」（笠井昭
　　次「田中茂次著『会計言語の構造』（書評）」『會計』第 149 巻第 4 号，
　　1996 年，119 頁）。

28　伊崎『会計学論考』92 頁。

29　同上，92～93 頁。

30　あるいは「会計言語といい，あるいは会計情報といったところで，
　　要するに財務諸表ないし会計報告，あるいはその基礎資料である証
　　ひょうや伝票または帳簿のことであるから，あまりことばにこだわる
　　必要はない」（伊崎義憲『監査行動の研究』1980 年，20 頁）。

会計言語論者の目的　会計言語論者は何をしたいのだろうか。
　けだし，まずは，言語論の援用をもって会計をよりよく説明したい，といったことだろうが，果たして本当にそうか。

　確かにわが国の会計言語論の第一人者たる青柳文司[31]は「言語と情報という相互に入り組んだ概念を検討してきた……結果……言語を手がかりに会計の本質を考えることが良策であり云々」[32]といった言い様をしているが，他方，例えば或る会計言語論者は哲学者にして言語論を展開したミシェル・フーコー（Michel Foucault）を取り上げ，「フーコー権力史観を支える知の枠組みにおける変遷は，会計学説の歴史的変転においても十分に〈検証〉されうる」[33]と結論しており，これは会計のための援用ではないだろう。

　会計言語論者はやはり言語論をしたいのだろうか。例えば「認識＝存在論に対する3種の見方（実在論・観念論・唯言論）から筆を起こし」[34]「本稿が援用するソシュールやフーコーらの構造主義言語学は，唯言論を知の準拠枠としている」[35]として「友岡

---

[31]　「斯学において，会計を言語と見ての体系的な研究は青柳文司を嚆矢とする」（全『会計言語論の基礎』47頁）とされ，あるいは「「会計言語説」（The Linguistic Theory of Accounting）は，青柳文司により提唱された」（全在紋「複式簿記の誕生（新説）」『桃山学院大学経済経営論集』第61巻第4号，2020年，241頁（（　）書きは原文））ともされる。

[32]　青柳『会計学の原理（新版）』11頁。

[33]　全在紋『会計の力』2015年，iii頁。

[34]　全「複式簿記の誕生（新説）」232頁（（　）書きは原文）。

[35]　同上，229頁。

の実在論的言語観」^{36} をもって批判する向きはやはり言語論をしているのではないか。この向きは「言葉が存在を規定している（唯言論）のであり，存在が言葉を規定している（実在論）のではない」^{37} として「実在論や観念論の欠を知り，唯言論の完を探る一つの手立て」^{38} として「収益費用観か資産負債観か」^{39} を引き合いに出し，「実在論の破綻は，今や会計的にも明らかであろう」^{40} と結論しているが，この「会計的にも」はやはり，会計学の論ではなく，言語学の論であることを意味しているのではないだろうか。

　他方，言語学の論ではなく，言語学をもって会計学の論に援用する場合にはその援用が会計を説明することにおいて，すなわち説明力において優位性を有していなければならないといえようが，ただし，会計言語説における会計学と言語学の関係については次のようにも説明される。

　　「会計言語説の立場からすると，会計学の研究対象は会計表現と会計行為であった。会計表現は言語に，会計行為は言語行為に擬えて説明される。だが，会計表現と会計行為が言語および言語行為に吸収されてしまったのでは，会計学の存在理由がなくなってしまう。会計学は言語学でもなければ言語行為論でもない。会計表現や会計行為を認識する際の準拠枠

36　同上，240 頁。
37　同上，253 頁（（　）書きは原文）。
38　同上，251 頁。
39　同上，251 頁。
40　同上，255 頁。

として言語学や言語行為論を利用する」[41]。

　この説明による限りは，言語学ではなく，会計学の論が意図されているといえようが，ただし，「会計言語説の立場からすると」とされているのみであって，「会計言語説の立場からする」ことの優位性は明らかでなく，また，「会計学の存在理由がなくなってしまう」ことは，けだし，会計学者以外の者にとっては，およそ問題ではない。

　あるいは例えば「会計の言語性と国際的調和」[42] を論ずる或る向きは「政治的議論になりがちの「会計の国際的調和」の問題に，会計学の側から多少なりとも理論的な道筋を見い出すとするならば，……会計のもつ言語性に着目して言語学的視点から検討を加えるよりほかないのではないかと思う」[43] としつつも，「ほかない」とまでいいうる論拠は定かでなく，しかも，「会計を一種の言語とみた場合，統一化という形での調和はありえないと思う。……言語は各民族や各国のアイデンティティーの基盤で，皆自己の言語を守るために必死の努力をしてきたという歴史的事実からである。この点会計も同じはずで，自己の言語を放棄し統一化を受け入れるなどということはありえないからである」[44] とされるものの，「会計を一種の言語とみた場合」「会計も同じはず」という説明の有意性はこれも定かでない。

41　伊崎義憲『会計と意味』1988 年，13 頁。

42　長谷川茂『会計の社会言語論的展開』2008 年，281 頁。

43　同上，288 頁。

44　同上，288 頁。

　いや，しかしながら，「説明力において優位性を有していなければならない」とは前述したものの，説明力に優位性がなくとも，言語学的にいえばこうなる，といった説明が面白ければ，それはそれでよい。面白さは有意性をもって構成する。

意味実体論批判，実在論批判　　言語の意味と表裏をなす [45] 存在論は**図1** [46] のように分類されるという。

図 1　存在論の類型

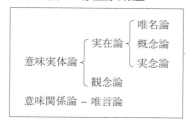

言語学にあっては意味実体論が支配的，実在論が支配的とされる。すなわち「実体が先在し，言葉はそれら実体を後から写像しているだけなのか。あるいは，言葉が先に創作され，実体はそれら言葉により後から築像されるのか。前者が意味実体論の言語観であり，後者が意味関係論の言語観である」[47] とされ，「コトバの意味（実体）をオリジナル，コトバをそのコピーとするならば，実在論も観念論も，内容的には共に「反映論」（写像論）と見られ

45　全『会計の力』17 頁。
46　同上，18 頁。
47　同上，91〜92 頁。

よう」[48] とされ，「今も実在論を正当とみる者が圧倒的多数である。実在論が世上の常識である」[49] とされ，さらに会計学言語論においても同様とされる。すなわち「会計言語論においても，意味実体論が常識すなわち多数説で，意味関係論は少数説にすぎない」[50] とされ，「意識して意味関係論に立脚するものは青柳，永野（永野則雄）ら，いまだ極めて少数である」[51] とされる。

如上の状況は「会計人は長い間，「会計は組織の経済的現実を反映（写像）すべきである」という通念に支配されてきた」[52] ともいわれるが，そうした「会計写像論の限界」[53] が指摘され，少数派は会計写像論をもって否定する。意味実体論はすなわち会計写像論とされ，すなわち「言語としての会計における意味実体論とは，原価主義あるいは時価主義など一定の規則によって，会計の対象をなす経済諸事象を会計の財務諸表等における諸記号への対応的写像と観じる見方である」[54] とされ，「それゆえ，言語としての会計における意味実体論は，「会計写像論」とも称されうる」[55] とされる。例えば永野によれば，「会計内外の事実から会計事実が構築されるということは，言語表現の観点からいえば，企業の経済事象にかかわる日常言語や法律・経済などの専門言語

48　全『会計の力』6頁（（　）書きは原文）。

49　同上，6頁。

50　全『会計言語論の基礎』47頁

51　同上，48頁。

52　國部克彦「写像と築像の会計理論」『JICPA ジャーナル』第 4 巻第 3 号，1992 年，42 頁（（　）書きは原文）。

53　同上，42頁。

54　全『会計言語論の基礎』147頁。

55　同上，147頁。

による各種の表現から会計表現が作成されることである。これを簡単に，他の言語から会計言語への〈翻訳〉であるといえるであろう」[56] とされ，「会計言語が他の言語からの翻訳であれば，それを「写像」ということもできよう」[57] とはされるものの，しかし，「会計における表現は対象の写像ではなく，対象についての像を構築するという意味で〈築像〉とでもいうべきものである」[58] と結論される。あるいは或る唯言論者によれば，「会計表現を「写体」とか「写像」というのは，会計実在論の見方に他ならない」[59] とされ，「我われの会計唯言論によれば，会計用語に対して，バイアスレスな表現である「写体」や「写像」よりもむしろ，バイアスフルな表現である「偏像」の方が，いっそうリアリスティックだと考える」[60] ともされる。

　さらにまた，少数派は会計学において「意味実体論的言語観に立脚する理論の典型例」[61] とされる「井尻雄士の会計言語論」[62] をもって俎上に載せ，「井尻理論では，会計現象としての架空資産の生起を論理的に説明できない」[63] とし，「井尻理論では，会計現象としての簿外資産の生起も論理的に説明できない」[64] とし

56　永野『財務会計の基礎概念』40 頁。
57　同上，40 頁。
58　同上，40〜41 頁。
59　全「複式簿記の誕生（新説）」265 頁。
60　同上，266 頁。
61　全『会計言語論の基礎』146 頁。
62　同上，146 頁。
63　同上，175 頁。
64　同上，175 頁。

142

ているが，この向きが繁く引く [65] 井尻の『会計測定の基礎』には，
財政状態および経営成績と財務諸表の関係を本体と写体の関係と
捉える記述はある [66] ものの，そこに［会計 ⊂ 言語］と捉える記
述はなく [67]，「言語は非常に進んだ表現方法であるが，会計にお
いて使われる表現方法はもっと複雑で組織的なものである」[68] と
いった言語と会計を別物とするような記述もある。しかし，8 年
後に刊行された『会計測定の理論』[69] には「企業活動の言語たる
会計」[70] という記述もあれば，「会計言語」[71] という語もあり，
けだし，この 8 年間に［会計 ⊂ 言語］という認識が生じたのか，
あるいは『会計測定の基礎』においては無自覚であったそうした
認識が『会計測定の理論』にあっては自覚されるに至ったのか。

　井尻理論を批判する少数派は無自覚の［会計 ⊂ 言語］説につ
いて次のように述べている。

　　「「会計の言語性」を自覚しない場合であれ，暗黙のうちにも
　　会計人は何らかの言語観に立脚して議論することになる。会
　　計が言語である限り，これはどの会計人も避けることができ

65　同上，第 5 章。
66　井尻雄士『会計測定の基礎——数学的・経済学的・行動学的探究』
　　1968 年，3 頁。
67　同上，第 1 章。
68　同上，25 頁。
69　『会計測定の基礎』の原書 *The Foundations of Accounting Measurement
　　: A Mathematical, Economic, and Behavioral Inquiry* は 1967 年刊，『会
　　計測定の理論』の原書 *Theory of Accounting Measurement* は 1975 年刊。
70　井尻雄士『会計測定の理論』1976 年，20 頁。
71　同上，20 頁。

ない。ありていに言えば，無自覚のうちに意味実体論的言語観に立脚して議論している者がほとんどである」[72]。

　「会計が言語である限り」とはどういうことか。［会計 ⊂ 言語］は動かしがたいことなのだろうか。

援用の意義，言語論の必要性　　先述のように，会計言語論は，これが言語学の論ではなく，言語学をもって会計学の論に援用する場合にはその援用が会計を説明することにおいて，すなわち説明力において優位性を有していなければならないといえようが，そうした会計言語論者のなかにあって会計の深層構造ないし会計の構造の深層論理をもって俎上に載せる向き，すなわち前出の田中および彼による「「会計深層構造論」の思考を理論展開の基礎」[73] とする上野清貴が目に留まる。

　この向きにおいては前出のチョムスキーの変形生成文法論が用いられる。「会計は言語に基本的な支点をおいているという観点から，チョムスキーの言語理論を会計理論に適用したのが，田中茂次の「会計深層構造論」である」[74] とされ，「支点」とは何か，あるいは「基本的な支点をおいている」とはどういう意味か，といったことはさて措くが，チョムスキーによれば，「統語部門の文法構造に深層構造と表層構造とがあり，表層構造は深層構造か

---

[72]　全『会計言語論の基礎』146 頁。

[73]　上野清貴『会計構造の深層論理——真の複式簿記システムの探究』2020 年，iii 頁。

[74]　同上，6 頁。

ら種々の変形規則を適用することによって生成する」[75] とされ，田中によれば，「深層構造から表層構造が生成される場合，両構造を媒介するものとして変形規則が適用されるのであるが，この変形規則の性格は基本的には相殺規則である」[76] とされる。

　すなわち，具体的には例えば

　　（借方）棚卸資産　XXX／（貸方）買掛金　XXX

という通常の仕訳は

　　（借方）棚卸資産　XXX／（貸方）棚卸資産増加益　XXX

という便益関連取引（収益関連取引）の仕訳と

　　（借方）買掛金増加損　XXX／（貸方）買掛金　XXX

という犠牲関連取引（費用関連取引）の仕訳に分解され[77]，「この分解仕訳は，通常の会計仕訳に現れてくるものではなく，会計構造の深層に潜在するものであるということができ……それゆえ，分解仕訳に基づく会計構造は「深層構造」と呼ばれ……通常の会計仕訳に基づく会計構造は「表層構造」と呼ばれ……深層構造は表層構造の基礎にあるものであり，表層構造は深層構造に相殺規則などの変形規則を適用して成立したものである」[78] とされ，すなわち，この立場は「損益の増減をもたらさない取引」[79] とされる交換取引をもって否定する[80]。

---

[75]　同上，2頁。
[76]　田中茂次『会計深層構造論』1999年，ii頁。
[77]　田中『会計言語の構造』50〜52頁。
　　　田中『会計深層構造論』15〜19頁。
　　　上野『会計構造の深層論理』8〜10頁。
[78]　同上，10頁。
[79]　同上，1頁。
[80]　同上，2頁。

　また，如上の深層構造については「観察可能な会計仕訳の基底
に存在しながら，表面に常に現れるとは限らない潜在的な構造」[81]
とされ，これは「観察はできないが理論的に推論しうるような諸
特徴によって再構成されうるような概念的な構造」[82] であるとさ
れ，上野によれば，「会計を理論的に説明できない……その根本
的な問題点は，会計理論構築を会計の表層構造から出発している
ことに起因している」[83] とされ，「会計の基本取引は損益取引で
あり，会計理論構築の出発点はそれに基づく深層構造でなければ
ならない」[84] とされている。

　かくて如上の上野の論は「会計の深層構造を明らかにし，会計
理論構築の出発点を深層構造におくべきことを主張することを目
的として，まず，会計は言語に基本的な支点をおいているという
ことから，チョムスキーの所論に従って云々」[85] とまとめられて
いるが，果たしてここに言語論は要るのだろうか。
　「支点」とは何か，あるいは「基本的な支点をおいている」と
はどういう意味か，ということはやはりこれが気に懸かる。「会
計理論構築の出発点を深層構造におくべきこと」の主張が「目
的」とされ，そのためにチョムスキーが持ち出される，とはどう
いうことか。会計をより良く説明すべく，言語学を学び，言語学
に学び，その結果，「会計理論構築の出発点を深層構造におくべ

81　田中『会計深層構造論』19 頁。
82　同上，19 頁。
83　上野『会計構造の深層論理』27 頁。
84　同上，28 頁。
85　同上，28 頁。

146

きこと」が知られる，ということではないのか。しかし，「深層
構造」や「表層構造」といった名称はさて措き，そうした考え方
は言語学に学ばなければならないのだろうか。果たしてここに言
語論は要るのだろうか。

　例えば「正則的な仕訳」[86] という概念を用いる向きがある。
　この向きにおいては「正則」それ自体の直接的な定義は示され
ないものの，「企業の経済活動を表現する技法としての「正則的
な仕訳」」[87] といった言い様がなされ，また，そのvs.は「財務諸
表を作成するための手段」[88] としての仕訳とされ，あるいは「実
践における簡便的な仕訳」[89] とされ，あるいは「一般的な仕訳」[90]
とされ，正則的な仕訳との異同は相殺にある[91] とされる。例え
ば

　　（借方）仕掛品　XXX／（貸方）材料　XXX
という「一般的な仕訳」は，しかし，宛も材料と仕掛品の交換で
あるかのようにみえ，「「加工」という経済活動を忠実に表現しよ
うとするならば」[92] とされ，これにおける「正則的な仕訳」は

　　（借方）材料費　XXX／（貸方）材料　XXX
および

86　平野智久『仕訳でかんがえる会計学入門』2019 年，13 頁。
87　同上，13 頁。
88　同上，ⅱ頁。
89　同上，13 頁。
90　同上，24 頁。
91　この向き本人談。
92　平野『仕訳でかんがえる会計学入門』23 頁。

　　（借方）仕掛品　　XXX ／（貸方）材料費　　XXX

とされる[93]。

　「正則的な仕訳」の目的とも解される「忠実に表現云々」については財務会計基準審議会（Financial Accounting Standards Board）（FASB）のいう「表現の忠実性」[94]が想起され，同審議会によれば，「表現の忠実性とは，ある測定値または記述と，それらが表現しようとする現象とが対応または一致することをいう」[95]とされ，「会計情報の質的特徴を論ずるにあたって，何よりもまず「表現の忠実性」を強調している」[96]とされる同審議会の立場は，前出の少数派によれば，「言語と対象との間における「一致」の重視は……「会計写像論」をなす」[97]として批判されようが，それはさて措き，如上の正則的な仕訳については「一見するとややこしく感じるかもしれませんが，実は応用力に長けた「すぐれもの」です」[98]とされており，けだし，応用力はこれが普遍性によってもたらされ，普遍性は相殺の類いのないところにこそ存する，といえようか。

　一般に行われる仕訳は相殺を経てもたらされる，という問題意識は深層構造論と同様[99]ともされる「正則的な仕訳」概念は，けだし，言語学に学ぶことなく，もたらされよう。

93　同上，23〜24 頁。
94　平松一夫，広瀬義州（訳）『FASB財務会計の諸概念（増補版）』2002 年，92 頁。
95　同上，92 頁。
96　全『会計言語論の基礎』129 頁。
97　同上，129 頁。
98　平野『仕訳でかんがえる会計学入門』 ii 頁。
99　この向き本人談。

会計と会計学の行く末

第 **8** 章

第1節 学説・理論の 現代的意義の意義

第2節 会計の フロンティアの果て

第3節 会計と会計学の行く末

第 1 節　学説・理論の現代的意義の意義

 概して歴史性をもって有する学説・理論の普遍性ないし意義の不易性に鑑みつつ，学説・理論の現代的意義・今日的意義の意味するところについて考える。

**学説・理論の
歴史性と不易性**
　むろん，これは何も会計学に限ったことではないが，あるいは「○○説の現代的意義」，あるいは「○○論の今日的意義」などと題する論攷をもってときに目にする。

　さて，そこにいわれる学説・理論の現代的意義・今日的意義とは果たして何だろうか。

　まずは，かつて立てられた学説・理論が今日のコンテクストにおいて再評価される，といったことか。敷衍するに，かつて立てられた学説・理論が今日的課題の解決にむしろ新しい切り口をもたらす，といったことか。

　あるいはまた，かつて立てられた学説・理論が今日においてもなお意義を有する，ということか。いや，しかし，これは該学説・理論が普遍性をもち，その意義に不易性があることを意味し，したがって，再評価ではなく，特に現代的・今日的というわけではない，ということになろうか。はたまた，かつて立てられた学説・理論がそのかみに対象とした課題（けだし，多くの場合，該学説・理論をもたらした課題）の解決において有する意義と，該学

説・理論が今日的・現代的課題の解決において有する意義は，必ずしも，同様ではなく，さすれば，再評価もあれば，現代的意義・今日的意義もある，ということになろうか。

　如上のことは学説・理論の歴史性と不易性についての議論だろうか。

　まずは，学説・理論には概して歴史性が認められる，と概していわれ，これは会計学においても同様だろうし，例えば次のようにもいわれる。

　　「われわれがまず知らねばならないのは，これらの学説なり
　　方式なりの内容と，そしてそれがどのような歴史的事情のも
　　とで，どのような要求をになって生れたか，ということであ
　　ろう。……会計技術は歴史的にのみその意義が検証される。
　　1948 年のアメリカで正しかったとしても，今日のわが国で
　　は正しい方法とはいえない」[1]。

「1948 年のアメリカ」が何を指しているのかは定かでないが，ここに引かれた論攷にあっては主として 1930 年代ないし 1950 年代のアメリカにおける原価論が扱われており，その主役には 1940 年刊の *An Introduction to Corporate Accounting Standards*[2]

---

[1]　坂本藤良「原価の決定」横浜市立大学会計学研究室（編）『現代会計学体系［第 1 巻］』1968 年，234 頁。

[2]　W. A. Paton and A. C. Littleton, *An Introduction to Corporate Accounting Standards*, 1940.
　　ペイトン，リトルトン／中島省吾（訳）『会社会計基準序説（改訳 ↗

が配されている。W. A. ペートン（W. A. Paton）とA. C. リトルトン（A. C. Littleton）による同書は多く会計学における代表的な古典に挙げられており[3]，ここに叙上の問い掛けは古典というものの意義をもって問うこととも重なることとなろうか。

古典の意義　辞書的には「いつの世にも読まれるべき，価値・評価の高い書物」[4]，あるいは「過去の時代に作られ，長年月にわたる批判に耐えて伝えられ，現代でも文化的価値の高いもの」[5]などとされる古典について，会計学（財務会計論）における「古典講読の意義と重要性」[6]を指摘する向きは次のように述べている。

　　「古典と呼ばれるものの多くは，その時代あるいはその領域を代表するものであったり，あるいは，ある程度の普遍性を有し，現代においても十分に通用する内容をもっていたりする場合が多い。たとえば，アメリカにおける動態論の確立者として名高いペイトン＝リトルトンの『会社会計基準序説』で示された基礎概念や，ドイツにおいて動態論の確立者

　　版）』1958年。
3　徳賀芳弘，大日方隆（編著）『財務会計研究の回顧と展望』2013年，435頁（米山正樹稿）。
4　新村出（編）『広辞苑（第7版）』2018年，1077頁。
5　西尾実，岩淵悦太郎，水谷静夫，柏野和佳子，星野和子，丸山直子（編）『岩波国語辞典（第8版）』2019年，538頁。
6　徳賀，大日方（編著）『財務会計研究の回顧と展望』415頁（万代勝信稿）。

として名高いシュマーレンバッハの『動的貸借対照表の原理』で示された基本的思考は，今日の企業会計についても十分に当てはまる内容である」[7]。

「ある程度の普遍性」とはどういうことか。普遍性に「程度」はあるのか。「十分に通用する」，あるいは「十分に当てはまる」といった言い様には勝利者史観的な上から目線的な観点が窺えないか。これは果たして評価なのか。

ところで，勝利者史観的な言説はこれをつい用いてしまう虞が認められる。例えば「古典中の古典」[8]ともされるアダム・スミス（Adam Smith）の『国富論』を例に挙げ，例えば「昨今，ミクロ経済学，経営学，あるいは会計学などの分野で流行っている理論ないしアプローチに「エイジェンシィ・セオリィ」というものがある」[9]とされ，「そこでの考え方には『国富論』におけるスミスの指摘と基本的に同様のものがある」[10]とされる代理理論（agency theory）とスミスの株式会社観の類似性を例に挙げれば，例えば「18 世紀という古くに既にスミスは云々」といった言い様は勝利者史観的だろうか。「18 世紀という古くに既に」という件に驚きの類いが看取されたら勝利者史観的といえようか。「こ

7 　同上，418 頁（万代稿）。
8 　星野彰男，和田重司，山崎怜『スミス国富論入門』1977 年，ⅰ頁。
　　高哲男『アダム・スミス——競争と共感，そして自由な社会へ』
　　2017 年，5 頁。
9 　友岡賛『株式会社とは何か』1998 年，131 頁。
10 　同上，132 頁。

うした考え方は 18 世紀に既にスミスによって云々」ならそうで
はないか。

　ちなみに，「このような会社（株式会社）の取締役たちは，自分
自身の貨幣というよりも，むしろ他の人々の貨幣の管理者なので
あるから，合名会社の社員がしばしば自分自身の貨幣を監視する
のと同一の小心翼々さで他の人々の貨幣を監視することをかれら
に期待するわけにはいかない。……それゆえ，このような会社の
業務の運営には，怠慢や浪費が多かれすくなかれつねにはばをき
かせざるをえない」[11] として代理理論における代理代価（agency
cost）に該るものをもって指摘する「スミスは，資本と経営とが
一体となった形体をもって，もっとも効率的な企業形体とする」[12]
一方，「一般の商工業よりも社会性が高く，また巨額の資本を必
要とする事業については，株式会社のような形体を適当とし，そ
の具体的な例として，銀行，保険，運河，水道をあげている」[13]
が，ただし，これについては「むしろ注目に値することは，株式
会社の経営をこのように根本的に批判したにもかかわらず，議会
は株式会社の設立など認めるべきではない，とスミスが主張しな
かった点にある」[14] とする向きもある。

　いずれにしても，「現代の問題を考えていくうえで重要な手掛
かりを与えてくれる」[15] とされる「スミスの思想がもつ現代的意

11　アダム・スミス／大内兵衛，松川七郎（訳）『諸国民の富［第4
　　冊］』1966 年，92 頁。
12　友岡『株式会社とは何か』130〜131 頁。
13　同上，133 頁。
14　高『アダム・スミス』124 頁。
15　同上，277 頁。

義」[16] については「今こそ……「スミスに返る」時ではないだろうか」[17] とまでいわれ，あるいは学説史的には「すべての学説は，多かれ少なかれスミスを素材にして，それを批判したり仕上げたりすることをとおして発展してきた」[18] ともされ，そうした「古典中の古典」は勝利者史観をもって伴うことなく読まれるのだろうか。

　閑話休題。会計学（財務会計論）における「古典講読の意義と重要性」を指摘する向きによれば，次いで古典のなかから「読むべき古典」[19] の選択が行われることとなるが，その際の条件の一つに「「古くて新しい問題」に通じているもの。すなわち，「過去に決着がついてしまった問題」ではなく，いま現在進行形で検討されている問題に結びつくもの」[20] であることが挙げられる。ただし，そもそも古典はこれが「普遍性を有し」ているのであれば，「いま現在進行形で検討されている問題に結びつくもの」であることは「読むべき古典」の条件とはなりえず，しからば，「ある程度の普遍性」といった言い様にこそ含意があるのだろうか。

　いずれにしても，「読むべき古典」には前出の *An Introduction to Corporate Accounting Standards* や E. シュマーレンバッハ （E. Schmalenbach） の *Dynamische Bilanz*（1919 年刊）が挙げられ，和書は森田哲彌の『価格変動会計論』（1979 年刊）が筆頭に挙げら

16　同上，277 頁。
17　同上，281 頁。
18　星野，和田，山崎『スミス国富論入門』ⅰ頁。
19　徳賀，大日方（編著）『財務会計研究の回顧と展望』429 頁（米山稿）。
20　同上，429 頁（米山稿）。

れ，これに岩田巌の『利潤計算原理』（1956 年刊）が続く。

時間・時代の超越　　森田学説は「時間を超えた活性」[21] を有する，ともされているが，これは普遍性ない
し不易性のことか。

　ちなみに，「時間を超えた」と同様の形容は例えばシュマーレンバッハについてもみられ，「時代を越えた」[22] とされ，「シュマーレンバッハ理論は，時代を越えたその理論的卓越性ゆえに……今日的課題にも応えなくてはならない」[23] ともされている。こうした時間・時代の超越は今日的意義（今日的課題への適用可能性）を有することをもって当然に意味しようが，しかしながら，時間・時代の超越は，いつの時代にも意義を有する，ということであって，したがって，「今日的・現代的意義」といった言い様は，むしろ，そぐわないというべきか。なお，シュマーレンバッハについて，さらにその学説の歴史性にも言及すれば，貸借対照表論に偏した会計構造論を批判する向きによれば，「動態論の鼻祖たるシュマーレンバッハの主著にしても……もっぱら貸借対照表の意義・性格が論じられている」[24] が，しかし，これは「当時，なお鞏固な地盤を誇っていた静態論との論争の兼ね合いで，動態

21　安藤英義「緒言」安藤英義，新田忠誓（編著）『森田哲彌学説の研究──一橋会計学の展開』2020 年，ⅱ頁。

22　笠井昭次「岩田理論の現代的意義──「会計管理のための簿記」観を巡って（1）」『會計』第 140 巻第 1 号，1991 年，107 頁。

23　同上，107 頁。

24　笠井昭次「岩田理論の現代的意義──その独創性・統合性を巡って」『企業会計』第 43 巻第 11 号，1991 年，81 頁。

論における貸借対照表の性格の闡明化が焦眉の急であったからに他ならない」[25] とされており，「静態論との対比を強く意識して形成された学説である，という歴史的経緯が……看過され」[26] てはならないとされる一方，シュマーレンバッハが論ずる「貸借対照表の背後には，つねに取引および損益計算書というパースペクティヴが隠伏しており」[27]，そこに「全体的統一的視点の欠落」[28] はこれを認めることはできないとされる。歴史性はこれが認められる一方，「隠伏」する「全体的統一的視点」はこれが時間・時代の超越へと繋がる。

　閑話休題。例えば「森田学説における原価主義会計の捉え方の今日的意義」[29] を評価する向きは「森田学説における原価主義会計の考え方……が今日の会計処理を理解するうえで有効であることを示し」[30] た，としているが，「有効」とはどういうことだろうか。

　この向きは棚卸資産の低価法や固定資産の減損や長期請負工事の収益認識などを論点に取り上げて森田学説を用いており，「森田学説による原価主義会計の立場からは，正味売却価額が再調達原価を下回るような状況の場合は，もはや将来費用となる棚卸資

25　同上，82頁。

26　笠井「岩田理論の現代的意義——「会計管理のための簿記」観を巡って（1）」106〜107頁。

27　笠井「岩田理論の現代的意義——その独創性・統合性を巡って」82頁。

28　同上，81頁。

29　齋藤真哉「森田学説における原価主義会計」安藤，新田（編著）『森田哲彌学説の研究』107頁。

30　同上，111頁。

産としての性格はなく，どれだけの現金が回収できるのかという観点で評価されており，その性格は貨幣性資産として位置づけられることになる」[31]とし，あるいは「森田学説による原価主義会計の理解に立脚するならば，回収可能価額を用いて，減損損失の大きさを決定する処理は……支出額をベースで行われていた資産の評価を，収入額をベースとした評価に変換することを意味する」[32]とし，あるいは，概して原価主義会計の例外とされている工事進行基準は，しかし，森田学説によれば，原価主義会計として捉えられる[33]，としているが，こうした「森田学説……の立場からは」，あるいは「森田学説……の理解に立脚するならば」という意味における「有効」性とは何だろうか。これを森田学説によって解釈した場合はこうなる，ということに過ぎないのではないだろうか。

**理論構成における
現代性**

岩田の学説については「岩田理論から汲み取れる現代的意義の諸相」[34]を論じ，すなわち，その現代的意義を多面的に認める向きが認められる。

　岩田の『利潤計算原理』をもって「現役としての地位を保持し続けている」[35]稀有な存在と評するこの向きは「岩田理論の現代

31　同上，108 頁。
32　同上，109 頁。
33　同上，110 頁。
34　笠井「岩田理論の現代的意義──「会計管理のための簿記」観を巡って（1）」109 頁。
35　同上，109 頁。

性」[36] を俎上に載せている。現役である，ということと，現代性を有する，ということは，けだし，同じことではないが，それはさて措き，まずは岩田が「従来の簿記学を「決算中心の簿記」観と規定しつつ，それに対するものとして，「会計管理のための簿記」観を提唱」[37] していることが着目され，「期末主義・残額主義・結果主義あるいは財務諸表中心主義・外部報告中心主義という風潮」[38] に鑑みて「岩田理論における会計構造論上の「現代的意義」を認めたい」[39] とされており，確かに「風潮（その時代の（余り好ましくない）傾向）」の類いがあってこそ「現代的意義」はある。かくして「管理中心主義の提唱は，現代的意義を帯びて」[40] いるとされるのである。

　次いでこの向きは「岩田理論の理論構成上の特質ないし意義にみられる現代性」[41] をもって指摘している。果たして「理論構成」における「現代性」とは何か，理論に現代性などというものがあるのだろうか，といった疑問はさて措き，「岩田理論の特質については……独創性と統合性」[42] が着目され，前者については「模倣的創造」[43] という概念が用いられ，「岩田理論に用いられて

36　同上，109 頁。
37　同上，109 頁。
38　同上，115 頁。
39　同上，117 頁。
40　笠井昭次「岩田理論の現代的意義——「会計管理のための簿記」観を巡って（2）」『會計』第 140 巻第 2 号，1991 年，84 頁。
41　笠井「岩田理論の現代的意義——その独創性・統合性を巡って」75 頁。
42　同上，75 頁。
43　同上，78 頁。

いる諸概念は，必ずしも岩田の創案になるものではない。しかしながら……それぞれに独特な意味を吹き込みつつ，ひとつの体系に巧みに織り込んだことは，正に岩田の創案である」[44] とされる。

さて，現代性とは何か。これについては「日本では，とかく，外国文献を論ずることがそのまま研究そのものであるかのように理解されがちである。しかし，岩田理論は，外国文献についての岩田流の徹底的な咀嚼のうえに構築された，文字どおり岩田巌の理論なのである」[45] とされ，「日本の会計構造論の現状を勘案すれば」[46] そうした独創性に「岩田理論の現代的意義」[47] が認められるとされる。また，後者，すなわち統合性についても同様に「現状を勘案」の上，「現代的意義」が認められる。敷衍すれば，「貸借対照表論が，あたかも会計構造論そのものであるかのように論じられる場合も少なくない」[48]「会計構造論の現状」[49] にあって「岩田理論は……骨太に構想された全体的統一的性格を具えており」[50]，すなわち統合性についても「日本の会計構造論の現状を勘案すれば」「岩田理論の現代的意義」が認められるとされる。

　「風潮」，「現状」があってこその現代的意義か[51]。ということは，これもまた歴史性か。

---

[44]　同上，79頁。
[45]　同上，77頁。
[46]　同上，83頁。
[47]　同上，83頁。
[48]　同上，82頁。
[49]　同上，82頁。
[50]　同上，83頁。
[51]　なお，この向きは「論理的整合性が欠落しがち」（笠井昭次「理論と実践」『三田商学研究』第42巻第4号，1999年，46，47，51頁）↗

162

　さらには「岩田巌の研究姿勢」⁵² が取り上げられる。「批判と
いうことがとかく非難と理解されがちなこの国の文化的土壌……
にあって批判的精神を自らの裡に保持し続け」⁵³，「あくまで真
理を追究すべく，自説をすら冷徹に見定め」⁵⁴，「理論の大根に
遡って，その根本的意義をたえず問い正す，という岩田の姿勢」⁵⁵
が評価される。確かに岩田の書は「一貫して内省的」⁵⁶ とされ，
「自己省察」⁵⁷ が評価される。「批判」，「内省」に乏しい「この国
の文化的土壌」はこれが「風潮」，「現状」であって，それゆえの
現代的意義ということだろうか。

時代の趨勢の意味　　前項に紹介された向きにおける「風潮」，
　　　　　　　　　　「現状」は，ただし，いまに始まったこと
ではない，ということが留意される。すなわち，かつてはそうで
はなかったが，近頃はこうした風潮（その時代の（余り好ましくな
い）傾向）がみられる，あるいは，かつてはそうではなかったが，
現状にはこうした問題点が認められる，といったことではなく，
「日本では，とかく……がちである」とされ，あるいは「この国

　な「会計理論の現状」（同上，45頁）をもって槍玉に挙げ，そうした
　「現状」に鑑みての「岩田理論の功績」（同上，62頁）をも論じている。
52　笠井昭次「岩田理論の現代的意義——岩田巌の研究姿勢をめぐっ
　て」『企業会計』第45巻第6号，1993年，17頁。
53　同上，24頁。
54　同上，24頁。
55　同上，24頁。
56　徳賀，大日方（編著）『財務会計研究の回顧と展望』434頁（米山稿）。
57　笠井「岩田理論の現代的意義——岩田巌の研究姿勢をめぐって」25
　頁。

の文化的土壌」とされる問題点は，けだし，決して現代的なものではない。したがって，そうした意味においては「岩田理論の現代的意義」の意義は定かでない，といえようか。

　他方，現在にみられる傾向はこれが好ましくない傾向に非ざる場合の現代的意義というものも考えることができ，例えば会計主体論における「企業主体論の現代的意義」[58] をもって俎上に載せる向きの所説はこれがそうした場合の現代的意義に該るといえようか。すなわち，この向きによれば，「会計主体論は……20 世紀半ばのアメリカで盛んに議論され……日本でも 1960 年代に相当の研究が進んだ。しかし，伝統的な資本主説に対抗しうる企業主体説（「企業主体論は，企業主体説にもとづく会計の理論体系である」[59] とされる）が打ち出されないまま，1970 年代になると急速に議論が収まっていった」[60] とされているが，しかし，そうした企業主体説は現代において「会計の大転換をもたらす」[61] とされ，ここにおける「「現代」の意味」[62] は次のように説明される。

　　「それは，21 世紀になって，資本主義の形が「株主資本主義」から「共益資本主義」へと転換する兆しが出てきた時代，という意味である。……21 世紀になって，2001 年の同時多発テロとエンロン事件，2008 年のリーマン・ショックなど

---

[58]　佐藤倫正「21 世紀の資本の会計——企業主体論の現代的意義」『会計・監査ジャーナル』第 27 巻第 7 号，2015 年，91 頁。
[59]　同上，93 頁。
[60]　同上，93 頁。
[61]　同上，97 頁。
[62]　同上，95 頁。

が起こって，アメリカ型の株主資本主義にかげりがみえてき
た。そして，ステークホルダーを重視する共益資本主義に期
待が高まるようになった」[63]。

　かくてかかる「現代」にあって「企業主体説は会計の大転換を
もたらす。それは資本主義の形を株主資本主義から共益資本主義
にシフトさせるパワーを備えている」[64] とされているが，ここに
おける現状は（この向きとすれば）決して好ましからざる状態では
なく，むしろ，待望されていたといえようか。愈々もって企業主
体論の時代がきた，といったことであって，長く不遇を託ってい
たこの理論が「現代」を迎えて漸う日の目をみる，といった「現
代的意義」である。
　いずれにしても，如上の「現代」が企業主体論の現代的意義を
もたらす一方，「会計が変わることによって資本主義の形も変わ
る」[65] とされ，「会計が促す新資本主義（共益資本主義）[66]」[67] が
論じられ，また，「原点復帰の会計学」[68] というタイトルの下，
「ピケティが説く格差……の是正には……出資者の利益に上限を
設ける企業主体説が適している」[69] とされ，すなわち，「格差の

63　同上，95 頁。
64　同上，97 頁。
65　佐藤倫正「会計が促す新資本主義――資金会計のイノベーション」
　　『商学研究』第 54 巻第 2・3 号，2014 年，192 頁。
66　「新資本主義は，株主資本主義に対比される概念で，共益資本主義
　　と同義である」（同上，184 頁）。
67　同上，165 頁。
68　佐藤「21 世紀の資本の会計」97 頁。
69　同上，97 頁。

是正」という現代的課題における企業主体論の意義（すなわち現代的意義）が示されているが，けだし，「原点復帰」は「原点」の現代的意義とも解しえようか。「原点復帰の会計学」[70] は経済学者トマ・ピケティ（Thomas Piketty）が指摘する「富の偏在から生じる経済的格差」[71] を問題とし，「会計学がごく一部の投機家の利益にのみ与し……ているのだとすれば，当然のことながら会計学の責務が問われることになる」[72] とする。

　「原点」は「淵源」であり，あるいは「原型」でもある。

　例えば「「資産負債アプローチ」のルーツを尋ねるとき，1896年に展開されたドイツにおけるシャンツの純資産増加説にその淵源が求められる」[73] とし，「資産負債アプローチの理解にとって重要なことは，その原型となったシャンツの純資産増加説の正しい理解である」[74] とする説があり，「驚くべきことに，法学（租税法）や公共政策（財政学）の文献では広く引用されているシャンツ……の定義が，会計学文献の上ではほとんど引用されていない」[75] ことに鑑みると，「資産負債アプローチや収益費用アプ

70　渡邉泉『原点回帰の会計学──経済的格差の是正に向けて』2020 年。

71　同上，9 頁。

72　同上，9 頁。

73　武田隆二「純利益 vs 包括利益──論争の深層を探る［第 1 回］　資産負債アプローチ vs 収益費用アプローチ」『企業会計』第 60 巻第 10 号，2008 年，113 頁。

74　武田隆二「純利益 vs 包括利益──論争の深層を探る［第 2 回］　収益費用アプローチと「ドイツ型」資産負債アプローチ──損益計算の「原型」と「派生型」」『企業会計』第 60 巻第 11 号，2008 年，113 頁。

75　武田「純利益 vs 包括利益──論争の深層を探る［第 1 回］」123 頁 ↗

ローチの論理形成の過程において，シャンツの純資産増加説の本
質的な形質が，正しく理解され，反映されているのかどうか疑問
となる」[76] とするこの説に依拠して財政学者ゲオルク・シャンツ
（Georg Schanz）の「純資産増加説の現代的意義」[77] を俎上に載せ
る向きがある。「純資産を重視する資産負債アプローチを採用し
ている」[78]「現代の基準である IFRS（International Financial Reporting
Standards）（国際財務報告基準）と 1896 年に展開されたシャンツの
純資産増加説との間に，どのような関連性が存在するのであろう
か」[79] という問い掛けである。

　些か補説するに，19 世紀のヨーロッパにあって行われた租税
における「所得」概念論争には［所得源泉説 vs. 純資産増加説］
という対立があり[80]，前者は「一定の（経済財の）取得源泉から
の規則的・反復的収入のみを所得とする」[81] 一方，シャンツの純
資産増加説は「従来の純資産に食込まずに自由に処分しうる純資
産の増加分を所得とするものであって……臨時的・非反復的な取
得も所得を構成するとみる」[82] が，如上の問い掛けの主は「「未
実現の価値増加」を所得として認識するのかどうかは，所得理論

↘（（　）書きは原文）。
76　同上，123 頁。
77　上野隆也「純資産増加説の現代的意義」『国際会計研究学会年報』
　　2010 年度号，2010 年，153 頁。
78　同上，154 頁。
79　同上，154 頁。
80　武田隆二『法人税法精説』2000 年，47 頁。
81　同上，47 頁。
82　同上，48 頁。

上，極めて重要かつ現代的な問題である」[83] とし，「シャンツは，未実現の価値増加についても給付能力（担税力）があるものと考え，所得を構成すると考えていたのではないかと推察」[84] し，他方，「IFRSにおいては，資産負債アプローチが重視されており……理論的には，貸借対照表上ストックされている価値増加分（未実現利益）を所得に含めることが可能である」[85] として両者「の間には関連性が存在している」[86] とする。すなわち，「所得概念については，ドイツの論争時代においても，IFRSが導入されようとしている現代においても，同様の議論が繰り返されている。つまり，約1世紀以上も前に展開された所得概念である純資産増加説と，現代の会計基準であるIFRSの利益観や評価基準との間に関連性が存在するという点で非常に興味深いものがある」[87] としているが，しかし，「同様の議論」は「つまり」「関連性」なのだろうか。しかし，「純資産増加説を再考することは，IFRS時代ともいうべき現代における会計理論，課税理論，そして課税実務の運用という観点から，大いに意義があるものと考える」[88] と結ばれており，現代的意義が認められている。「同様の議論」は「つまり」「関連性」であって，それは現代的意義なのだろうか。

　時代の趨勢は歴史性であって，歴史性はときに不易性と反する一方，時代の趨勢はこれが現代的意義をもたらすが，「同様」は

83　上野「純資産増加説の現代的意義」161 頁。
84　同上，162 頁。
85　同上，162～163 頁（（　）書きは原文）。
86　同上，163 頁。
87　同上，163 頁。
88　同上，163 頁。

これのみではそこに意義は認められない。代理理論と「同様」のスミスの株式会社観の現代的意義は何だろうか。

第 2 節　会計のフロンティアの果て

> 会計ないし会計学のフロンティアは並べて拡大・拡
> 張なのだろうか。会計ないし会計学の向かうところ
> は並べて拡大・拡張なのだろうか。拡大・拡張はこ
> れが果てに至るのはどのような世界なのだろうか。
> 果たして果てはあるのだろうか。
> こうしたことをもって思量する。

**フロンティアと
拡大・拡張**　　　会計ないし会計学のフロンティアは並べて拡
大・拡張なのだろうか。

　「フロンティア」はあるいは最前線・最先端とされ，あるいは
未知・未開拓の領域とされ，あるいは辺境とされようが，会計な
いし会計学のフロンティアについての論は押し並べて拡大・拡張
の論といえようか。拡大・拡張の論はその多くが実行可能性^{フィージビリティ}の論
であって，すなわち，例えば測定の客観性が担保されるのであれ
ば，該拡大・拡張は実行可能とされ，実行可能な拡大・拡張はこ
れすなわち是とされる。要するに，拡大・拡張は可能であれば
やった方がよい，いや，可能であればやるべき，とされ，やるこ
との是非は専ら実行可能性に鑑みて云々される。
　「フロンティア」をもって目指される拡大とは，拡張とは何だ
ろうか。

170

　本節にあってはタイトルに「フロンティア」の語がみられる 2
書，1993 年刊の『財務会計のフロンティア』[89] と 2012 年刊『財
務報告のフロンティア』[90] が手掛かりに用いられる。1990 年代，
そして 2010 年代，このおよそ 20 年間におけるフロンティアの変
容はどのようなものか。いや，むろん，不変かもしれない。

情報会計と　　　「一頃，盛んに用いられ，しかし，近年にあって
複式簿記　　　は滅多に用いられることがない会計の一分野の呼
称に「情報会計」がある」[91] とされ，あるいは
［伝統的会計 vs. 情報会計］，あるいは［制度会計 vs. 情報会計］と
捉えられていた [92]「情報会計」という概念はこれが 1990 年代に
は現役だった。1993 年刊の『財務会計のフロンティア』にあっ
ては「決算会計から情報会計への移行」[93] として捉えられ，また，
「情報会計は情報内容の拡大と情報利用者の拡大との両面でとら
えられる」[94] とされ，「情報内容の拡大」については「利益情報
から財務情報へ，さらには……社会的情報にまで拡張してきてい
る」[95] と説かれているが，他方，同書には「社会的情報」はこれ
を情報会計の範疇には入れず，社会関連会計という範疇をもって

89　会計フロンティア研究会（編）『財務会計のフロンティア』1993 年。

90　広瀬義州，藤井秀樹（責任編集）『体系現代会計学［第 6 巻］　財務
　　報告のフロンティア』2012 年。

91　友岡賛『会計学の基本問題』2016 年，187 頁。

92　同上，195 頁。

93　会計フロンティア研究会（編）『財務会計のフロンティア』1 頁（佐
　　藤倫正稿）。

94　同上，40 頁（向山敦夫稿）。

95　同上，40 頁（向山稿）。

扱う向きもあり，そうした向きによれば，「伝統的会計は，近年，2つの立場（情報会計の立場および社会関連会計の立場）から変革の引力を受けている」[96]とされ，1990年代までにみられるに至った情報会計への発展および社会関連会計への発展という二つの発展方向に鑑み[97]，次のように述べられている。

　「伝統的会計が，これらの方向から引っ張られると，当然ながら，それに対抗する反作用も生まれる。それは，・複・式・簿・記・・・・・・システムの見直し，あるいは再評価として現れるであろうし，伝統的会計の背後にある会計観（収益費用観）に対立する会計観（資産負債観と資金観）の検討という方向で現れるかもしれない」[98]。

　俎上に載せられているのは複式簿記と収益費用アプローチである。
　筆者の大きな関心事の一つは複式簿記，その不易性にあるが，拡大・拡張は「見直し」をもたらすのだろうか。しかし，複式簿記のなかりせば会計に非ず，とする向きは例えば次のように述べている。

　「情報化社会と呼ばれるようになって久しいが，会計に対しても，企業関連の情報をめぐって多種多様な役割期待が向け

96　同上，4頁（佐藤稿）。
97　同上，4〜5頁（佐藤稿）。
98　同上，5頁（佐藤稿）（（　）書きは原文）。

られてきている。会計の原点は複式簿記にあり，会計はその
計算機構によって制約を受けているという事実への社会的認
識不足のためなのか，本来ならばIR関連の情報として取り
扱われるべきものまでも，会計の守備範囲に入ると誤解され
ているようにみえる。複式簿記の計算機構に乗せられないも
のは会計情報とはいえない」[99]。

こうした向きや「会計はこれすなわち収益費用アプローチ」[100]
とする向きにすれば，拡大・拡張は会計をして会計に非ざるもの
にならしめる，ということか。

認識，測定，伝達 　ここにいう拡大・拡張は会計の何の拡大・
　　　　　　　　　　拡張なのだろうか。

　会計のプロセスを［認識 → 測定 → 伝達］と捉えるならば，
まずは認識における拡大・拡張が考えられよう。
　「この認識という段階は経済主体における経済事象・経済状態
という対象を会計のなかに取り込む段階であって，ここでは，会
計のなかに取り込まれるものと取り込まれないものをはっきりと
見分ける，という作業がおこなわれる」[101] とされ，「この段階に
おいては「取引」という概念が用いられ……認識という段階にお

99　長谷川茂「会計と複式簿記の接点」塩原一郎（編著）『現代会計──
　　継承と変革の狭間で』2004 年，23 頁。

100　友岡賛『会計学の考え方』2018 年，42 頁。

101　友岡賛『会計学原理』2012 年，74 頁。

いてはこの「取引」という概念がフィルターの役割を果たすものとして用いられる」*102* とされており，ここにおける拡大・拡張は「取引」概念の拡大・拡張といえようが，ただし，これについては次のような指摘もある。

　　「オフバランス「取引」……を「取引」と称することには矛盾がある。そこで，従来の取引概念を拡張するのか，あるいは資産・負債等の会計上の諸概念を拡張すれば，オフバランス項目のオンバランス化は可能かもしれない。しかしながら，その際，オフバランス項目が存在するのでそれをオンバランスにするというのでは理論的な論拠に欠ける」*103*。

　このような指摘については「オフバランス「取引」という用語は矛盾していると指摘されているが，これは日常用語と会計用語の違いからくるものであろう」*104* とあっさりと片付けてしまう向きもみられるが，しかしながら，「オフ・バランス取引」はやはり「オフ・バランス「取引」」であって，そこには，取引，すなわちオン・バランスされるべきものが，しかし，オフ・バランスにとどまっている，といった含意が看取されようか。「オフバランス項目が存在するのでそれをオンバランスにするというのでは理論的な論拠に欠ける」とされているが，ただし，オフ・バラ

102　同上，75 頁。
103　会計フロンティア研究会（編）『財務会計のフロンティア』194〜195 頁（柴健次稿）。
104　同上，229 頁（田中建二稿）。

ンス取引が存在するのでそれをオン・バランスにする，というこ
とであれば，およそ問題はなく，そこには「論拠」すら不要だろ
う。

　測定についてはどうだろうか。
　これについては例えば「取得原価会計にあって時価はオフ・バ
ランスなのだろうか」[105] という問い掛けが取っ掛かりになろうか。
時価のオン・バランスは測定における拡大・拡張といえようか。
時価は測定属性であって，したがって，時価のオン・バランスは
測定における拡大・拡張といえようか。しかし，いまさらながら，
オン・バランスとは何か。測定属性における［取得原価 → 時
価］の移行は時価のオン・バランスか。取得原価をやめて時価を
用いることは時価のオン・バランスか。他方，取得原価をやめて
時価を用いることは拡大・拡張とはいえないだろう。もっとも，
取得原価はこれをもって時価の一つ（取得時の時価）とみる場合
には拡大・拡張ということになるのか。しかし，取得時の時価は，
取得時の時価であって，取得原価ではない。
　あるいは，やはり認識における拡大・拡張なのだろうか。「時
価それ自体は測定属性であって，「取引」概念に該当するような
性格のものではないといえようが，時価の変化は「取引」概念に
該当すると捉えることもできる」[106] とされ，したがって，時価
の変化というオフ・バランス項目（取引）のオン・バランス化は

105　友岡『会計学の考え方』168 頁。
106　同上，168 頁。

認識における拡大・拡張ということになるのか。

　伝達についてはどうだろうか。

　「伝達は一つには報告^{リポーティング}という意味合いをもって捉えられ，もう一つには公表^{ディスクロージャー}といった意味合いをもって捉えられ，［伝達 = 報告］といった理解の場合にそれは，或る特定のだれかに告げ知らせる，といった意味をもち，また，［伝達 = 公表］といった理解の場合にそれは，広く一般に知れわたらせる，といった意味をもつ」[107]とされ，したがって，［報告 → 公表］の移行は伝達における拡大・拡張といえようし，それはまた，伝達の相手，すなわち会計において考慮される利害関係者の範囲，すなわち情報利用者の拡大・拡張をもって意味しようし，果ては「従業員関連情報，消費者関連情報，取引先・下請け関連情報，地域社会関連情報，一般社会関連情報，国際社会関連情報，地球環境関連情報など」[108]までをも扱う前出の社会関連会計にまで至るかもしれない。

　そうした情報利用者の拡大・拡張は概して情報ニーズの拡大・拡張であって，拡大・拡張されたニーズを充たすためには情報内容の拡大・拡張が求められようが，しかし，これはやはり認識における拡大・拡張を要するのか。認識は会計システムへのインプット，伝達は会計システムからのアウトプットとすれば，インプットとアウトプットの関係はこれをどのように捉えるべきか。アウトプットの拡大・拡張は，必ずではないものの，概してイン

107　友岡『会計学原理』75 頁。

108　会計フロンティア研究会（編）『財務会計のフロンティア』4 頁（佐藤稿）。

プットの拡大・拡張を求めようか。

　なお，本項においては会計のプロセスを［認識 → 測定 → 伝達］と捉え，認識をもって会計システムへのインプットとしたが，ただし，他方，例えば会計のプロセスを［測定 → 認識］と捉え，認識をもって財務諸表への記載とする向きもみられ *109*，例えば財務会計基準審議会（Financial Accounting Standards Board）（FASB）の 1984 年のステートメントは「認識とは，ある項目を資産，負債，収益，費用もしくはこれらに類するものとして，企業の・財・務・諸表に正式に記録するか記載するプロセスである（Recognition is the process of formally recording or incorporating an item into the financial statements of an entity as an asset, liability, revenue, expense, or the like）」 *110 111* としており，この場合は認識の拡大・拡張と情報内容の拡大・拡張が同義ということになろうか。

109　　友岡『会計学原理』46〜48 頁。

110　　Financial Accounting Standards Board, Statement of Financial Accounting Concepts No. 5, *Recognition and Measurement in Financial Statements of Business Enterprises*, 1984, par. 6.
　　　平松一夫，広瀬義州（訳）『FASB財務会計の諸概念（増補版）』2002 年，212 頁。

111　　このFASBの定義には「ある項目を……帳簿に正式に記帳するかま・た・は・財・務・諸・表・に・記・載・す・る・プ・ロ・セ・ス（the process of formally recording or incorporating an item into the financial statements）」（村瀬儀祐「会計認識拡大理論の制度機能」加藤盛弘（編著）『現代会計の認識拡大』2005 年，35 頁）という訳もあるが，けだし，この訳には些か無理があり，しかも，該訳者はこの定義に依拠しながら「貸借対照表と損益計算書の本体に計上することを「認識」と言う」（同上，15 頁）と述べている。

拡大・拡張の際限　先述のように，「情報会計」という概念は
これが現役だった頃に刊行された『財務会
計のフロンティア』にあっては「意思決定有用性アプローチが規
範的会計理論として定着しつつある」[112] という状況が観察され
ているが，この「理論」はこれがやがて拡大・拡張をもってもた
らすこととなる。

　「アメリカを先駆とする現代会計における会計認識領域の拡大
は……意思決定に有用な情報の提供なる理論のもとに展開されて
きた」[113] とされ，「(FASBの) 概念ステイトメントは，意思決定
に有用な情報を提供することが財務報告の目的であるという論理
を起点にして……認識領域の拡大化と認識の早期化を合理化する
論理を展開するものである」[114] とされ，「このような認識領域の
拡大化は止むことなく，さらにいっそう推し進められようとして
いる」[115] とされ，「「投資家，債権者への有用な情報を提供する」
目的のもと，会計認識が対象とするものは際限がないほど広がっ
た」[116] とされる。意思決定有用性アプローチの理論性[117] はこれ
をさて措くとして，しかし，「止むことなく」「際限がないほど」
とはどういうことか。

---

[112]　会計フロンティア研究会 (編)『財務会計のフロンティア』26 頁 (高
　　須教夫稿)。

[113]　加藤盛弘，木下勝一「現代会計と会計認識領域の拡大」加藤盛弘
　　(編著)『現代会計の認識拡大』2005 年，6 頁。

[114]　志賀理『会計認識領域拡大の論理』2011 年，2 頁。

[115]　同上，2 頁。

[116]　村瀬「会計認識拡大理論の制度機能」20 頁。

[117]　例えば以下のものを参照。
　　友岡賛『会計学の地平』2019 年，第 6 章。

　ただしまた，しかしながら，「際限がない」とはいえ，けだし，いまだ会計のなかにある，といえようが，およそ20年後，『財務報告のフロンティア』にあってはこれが判然としなくなる。

非財務情報の登場　　『財務会計のフロンティア』にはみられないが，しかし，『財務報告のフロンティア』においては注目される概念が「非財務情報」である。随所にこの概念をみることができ，「非財務情報の報告」[118] [119] と題する一章も設けられている。

　ところで非財務情報とは何か。「これについては，論者によってさまざまな見解がある」[120] とされ，その定義については「まさに氾濫の様相を呈している」[121] ともされているが，『財務報告のフロンティア』にあってはまずは**表1**のような捉え方が用いられる[122]。

表1　財務情報と非財務情報

	貨幣額情報	非貨幣額情報
制度開示情報	**財務情報**	
非制度開示情報		**非財務情報**

---

[118]　円谷昭一「非財務情報の報告」広瀬義州，藤井秀樹（責任編集）『体系現代会計学［第6巻］　財務報告のフロンティア』2012年。

[119]　なお，筆者とすれば，「非財務情報の報告」という言い様には些か違和感がある。

[120]　円谷「非財務情報の報告」109頁。

[121]　同上，108頁。

[122]　同上，110頁。

　この捉え方は「すなわち制度上開示されている非貨幣額情報，制度上開示されていない貨幣額情報および制度上開示されていない非貨幣額情報」*123* をもって非財務情報とし，あるいは「すなわち制度上開示されている貨幣額情報以外の情報」*124* をもって非財務情報としているが，ただし，[情報 ＝ 財務情報 ＋ 非財務情報] というわけでは決してなく，「当該企業に関する情報ではあるものの，財務情報でも非財務情報でもない情報」*125* という範疇をも有し，すなわち[情報 ＝ 財務情報 ＋ 非財務情報 ＋ その他の一般情報]とされており *126*，また，如上の三つの範疇については「財務情報と非財務情報との間に厳密な境界を定めることが困難であったことと同様に，非財務情報と一般情報とを明確に切り分けることも困難である」*127* とはされるものの，「財務情報と非財務情報の境界については比較的に多くの議論がなされてきており」*128*，「比較的に研究者間で合意の得られた規定がなされている」*129* 一方，「どこまでを非財務情報と呼び，どこからはその他の一般情報となるのか，その境界についての議論もまた必要である」*130* とされている。

123　広瀬義州「財務報告の変革に関する研究の意義」広瀬義州（編著）『財務報告の変革』2011 年，28〜29 頁。

124　広瀬義州「財務報告の意義と課題」広瀬義州，藤井秀樹（責任編集）『体系現代会計学［第 6 巻］　財務報告のフロンティア』2012 年，20〜21 頁。

125　円谷「非財務情報の報告」113 頁。

126　同上，113 頁。

127　同上，113〜114 頁。

128　同上，109 頁。

129　同上，112 頁。

130　同上，109 頁。

しかしながら，けだし，非財務情報とその他の一般情報の峻別
は果たして会計の問題なのだろうか。また，「財務情報と非財務
情報とをどのように区別するかという点については，比較的に研
究者間で合意の得られた規定がなされている」[131] のは果たして
その通りなのだろうか。

いまさらながら，財務情報とは何だろうか。**表1** にあっては
「制度上開示されている貨幣額情報」をもって財務情報とされて
いるが，こうした捉え方の意義は奈辺にあるのだろうか。

財務会計と
財務報告
　　　　　　さて，財務情報とは何か。「財務情報」における
　　　　　　「財務」とは何か。財務情報は財務のための情報
　　　　　　か，はたまた財務についての情報か。

筆者自身は予てより，会計は情報開示に非ず，という立場を
採っている[132] が，それをさて措くとすれば，「財務情報とは何
か」は，財務会計とは何か，と同様の議論ともいえようか。「財
務会計」における「財務」とは何か。財務会計は財務のための会
計か，はたまた財務についての会計か[133]。

如上の問い掛けによれば，財務のための会計（情報）は一つに
は，企業の資金調達（財務）のための会計（情報），企業が資金を
調達するための会計（情報），として捉えられようし，また，情
報利用者の立場からは，投資者の資金運用（財務）のための会計

131　同上，112 頁。
132　友岡賛『株式会社とは何か』1998 年，第 2 章。
133　下記のものを参照。
　　友岡『会計学原理』27〜28 頁。
　　友岡賛『会計と会計学のレーゾン・デートル』2018 年，第 10 章。

（情報），投資者が資金を運用するための会計（情報），として捉えられようが，ただし，後者は，○○するために会計を行う，ということではなく，投資者が資金を運用するために会計を行う，ということではない，ということが留意される。さらにまた，財務についての会計（情報）は，企業における資金の調達・運用（財務）についての会計（情報），企業における資金の調達・運用の状況を知らしめる会計（情報），として捉えられようが，なお，財務についての会計よりも財務のための会計の方が「積極的・直接的」[134] ともされる。

　しかしながら，非財務情報については云々される一方，「非財務会計」という呼称は耳にしたことがなく，やはり「財務会計」と「財務情報」は次元を異にするものか。

　そもそも『財務会計のフロンティア』ではなく『財務報告のフロンティア』と題する 2012 年の書には「財務会計」の語はこれをほぼみることができず [135]，ただし，「会計報告と財務報告」[136] と題する節をみることができ，この節には［会計報告 ⊂ 財務報告］という捉え方を看取することができ [137]，［財務会計 ＜ 財務報告］という捉え方を看取することができ，「非財務情報を財務

134　山桝忠恕，嶌村剛雄『体系財務諸表論　理論篇』1973 年，7 頁。

135　ただし，「英米では……財務報告が重視され……財務会計という用語にせよ，Financial Accounting と表現されるよりも External Reporting または Financial Accounting and Reporting と表現され云々」（広瀬「財務報告の意義と課題」27 頁）という「財務会計」に否定的な記述においてはみることができる。

136　同上，9 頁。

137　同上，10～11 頁。

報告」¹³⁸する，といった記述もみられるように，財務報告が提供する情報は非財務情報を含み，財務報告の拡大・拡張の論は非財務情報の論を多く含み¹³⁹，非財務情報の論は「拡張を続ける非財務情報の報告」¹⁴⁰をもって論じている。

管理会計に至る拡大・拡張　財務報告の拡大・拡張は非財務情報ばかりでなく，「インターネットをベースとしたネットワーク社会」¹⁴¹における「定期的報告から継続的報告への開示頻度の変化」¹⁴²や「集約情報としての財務諸表開示からデータベース開示への変化」¹⁴³などといった方向性も示され，そうした方向の先にある世界においては「経営者支配の構図が崩れ」¹⁴⁴，「株主自らがネットワークを通じて会社経営のためのコマンドを発信するようになり，取締役はそのコマンドを忠実に実行する執行者としての地位に変化する」¹⁴⁵とされる。

如上の行き方は「「出資と経営の分離」が疑似的に解消されていく可能性」¹⁴⁶をもたらすとされているが，ただし，「「出資と

138　同上，21頁。

139　浦崎直浩「財務報告の拡張」広瀬義州，藤井秀樹（責任編集）『体系現代会計学［第6巻］財務報告のフロンティア』2012年。

140　円谷「非財務情報の報告」130頁。

141　浦崎「財務報告の拡張」74頁。

142　同上，75頁。

143　同上，75頁。

144　同上，74頁。

145　同上，75頁。

146　同上，76頁。

経営の分離」が……解消され」る，ということは畢竟，情報の非
対称性の解消をもって意味し，情報の非対称性がなくなった世界
はこれすなわち，財務会計の要らない世界，というべきか。別言
すれば，そうした状況にあって行われる会計は専ら管理会計とい
うべきか。ただし，前項においては，投資者が資金を運用するた
めの会計は，○○するために会計を行う，ということではなく，
投資者が資金を運用するために会計を行う，ということではない，
ということに留意したが，管理会計についてはどうか。管理会計
は，管理 *147* のために会計を行うもの，なのか。財務会計は，ま
ずは資本と経営の分離を前提とし，資金（資本）調達のために経
営者が行う出資者への報告・説明，として捉えられようが，資本
と経営の分離がない場合も自分への報告・説明（経営者としての自
分が行う出資者としての自分への報告・説明）とみることもでき *148*，
管理会計も同様だろうか。

　いずれにしても，叙上のような「定期的報告から継続的報告へ
の開示頻度の変化」や「集約情報としての財務諸表開示からデー
タベース開示への変化」などといった方向の財務報告の拡大・拡
張が果てに至る世界は出資者が経営を掌握している世界であって，
行われる会計は財務会計に非ず，というべきか。

147　管理会計における「管理は資本の運用を意味し，運用とはものを
うまく働かせて用いることだから，管理会計は，資本をうまく働かせ
て用いるための会計，ということになる」（友岡『会計学原理』26 頁）。
148　友岡賛『歴史にふれる会計学』1996 年，26 頁。

表2　行われる会計の移行

資本と経営の状況	会計の目的	**行われる会計**
未分離	資本の運用	管理会計
分離	資本の運用 資本の調達	管理会計 財務会計
分離の解消	資本の運用	管理会計

　したがってまた，例えば，管理会計は会計に非ず[149]，とする向きとすれば，如上の世界は，会計のない世界，ということになり，すなわち，拡大・拡張は種々の意味において，会計に非ず，へと至るのかもしれない。

フロンティアの果て　　　　あるいは「複式簿記の計算機構に乗せられないものは会計情報とはいえない」とする向きがあった。あるいは「会計はこれすなわち収益費用アプローチ」とする向きもある。あるいは会計は「貨幣数値をもって」[150] 行われる，とする向きもある。あるいは「管理会計は会計に非ず」とする向きもある。

　しかしながら，あるいは複式簿記が見直され，あるいは収益費用アプローチが資産負債アプローチに取って代わられ，あるいは「制度上開示されている非貨幣額情報」や「制度上開示されていない非貨幣額情報」といったものが云々され，あるいは財務会計の要らない世界が目指される。

149　下記のものを参照。
　　　友岡『会計学の考え方』14〜16，57〜61頁。
150　友岡『会計学の基本問題』20頁。

　会計ないし会計学のフロンティアは並べて拡大・拡張なのだろうか。会計ないし会計学の向かうところは並べて拡大・拡張なのだろうか。拡大・拡張はこれが果てに至るのはどのような世界なのだろうか。果たして果てはあるのだろうか。

　資本と経営の分離，そこにおける情報の非対称性，その解消のために会計（財務会計）は行われるといえようが，会計のフロンティアは拡大・拡張へと向かい，会計の拡大・拡張は果てに情報の非対称性の解消へと至り，それは資本と経営の分離，その解消を意味し，ただし，その時，会計（財務会計）は会計ではなくなる。

　会計学者は，会計学者だから，「会計」を定義し，定義するからこそ，定義にそぐわないものを「会計に非ず」とし，定義にそぐわなくなったものを「もはや会計に非ず」などとするが，しかし，それが会計かどうか，などといったことを問題にするのは会計学者だけであって，他の人々にとっては，行われているそれが会計かどうか，などといったことはどうでもよいことである[151]。

　さらにまた，様変わりしてしまった会計について，会計学者が「もはや会計に非ず」といってみたとて，それを会計に戻せるわけもなく，「もはや会計に非ず」ということによって，会計学者は対象（会計）を失い，すなわちメシのタネを失う。

---

[151]　「情報の利用者の側からすれば，なんらかの情報が会計情報であろうとなかろうと，そのようなことは一向に問うところではないのかもしれない」（山桝忠恕「「会計」の定義に関する吟味＜序説＞」『三田商学研究』第25巻第3号，1982年，9頁）。

「会計に非ず」などというのも会計学者だけなら，そういうことをいって困るのも会計学者だけ，ということである。

　さはさりながら，『財務会計のフロンティア』にあっては「止むことなく」「際限がないほど」とはいえ，それは飽くまでも会計の拡大・拡張だったが，『財務報告のフロンティア』に至っては，会計を内包し，しかも，けだし，むしろ，会計に非ざるものが多くを占めるかにみえる財務報告とやらの拡大・拡張が目指されている。

　如上の何でもありの現況に物申すのはこれこそが会計学者の責任[152] ともされようが，しかしながら，メシのタネが増えることに不都合はあるのだろうか[153]。

---

[152]　渡邉泉『会計学者の責任——歴史からのメッセージ』2019 年。
[153]　筆者とすれば，そうした現況があるからこそ，現況批判を書くことができ，それは渡邉とて同様だろう。

第 3 節　会計と会計学の行く末

「みんなを幸せにする会計」をもって求めるところに「会計学者の責任」がある，とされることの意味について思量する。

『会計学者の責任』[154] という書名を目にして些か驚いたのは 2 年前のことだった。「些か」としたのはその著者の名前をみて，さもありなん，と思ったからだったが，しかし，いずれにしても，些か違和感を覚え，即座に「会計学者は責任を問われるのか」[155] という問い掛けをなした。

「「みんなを幸せにする会計」を求めて」[156] という惹句が目を惹き，序文の 1 行目が「学者の役割」[157] に始まる書を手にしたのはさらに 2 年前のことだった。その著者の人となりからして驚きこそなかったが，しかし，「「みんなを幸せに」かぁ」という独り言ちは禁じえなかった。

　俎上に載せられているのは学者の役割・責任なのか，はたまた会計学者の役割・責任なのか。普遍的な論なのか，はたまた会計

---

[154]　渡邉『会計学者の責任』。
[155]　友岡『会計学の地平』192 頁。
[156]　黒川行治『会計と社会——公共会計学論考』2017 年，帯およびそで。
[157]　同上，ⅰ頁。

188

学者固有の論なのか。

　会計学は特殊か。会計学の特殊性は何か。

　いずれの学問分野にも，固有の何か，特殊性の類いはあろう。
○○学には○○学の特殊性があり，△△学には△△学の特殊性が
あり，会計学には会計学の特殊性があろう。

　しかし，如上の「特殊性」は（いずれの分野にも，という意味に
おいて）普通の特殊性だろう。会計学には特殊な特殊性があるの
だろうか。

　敷衍するに，会計学・会計学者の役割・責任の論は「特殊性」
の論なのか，はたまた「特殊な特殊性」の論なのか。

　「「みんなを幸せにする○○」を求めて」といわれると，「○
○」が何であろうとも，「みんなを幸せにする」には抗しがたい
だろう。前出の「会計学者の責任」の論者も同様に「みんなを幸
せにする」をもって問題とし，すなわち 14 世紀に「技法として
完成」[158] をみた複式簿記は 19 世紀に「科学として確立」[159]，「そ
れが社会科学としての会計学」[160] とされ，社会科学は「大多数
の人を幸せに導くための学問でなければならない」[161] とされ，
そこに「会計学者は，その責任を問われなければならない」[162]
としているが，これは社会科学者一般の責任であって，会計学者
固有の責任ではないだろう。

158　渡邉泉「会計学者の責任──歴史からのメッセージ」『産業經理』
　　　第 78 巻第 2 号，2018 年，11〜12 頁（ルビは原文）。
159　同上，12 頁（ルビは原文）。
160　同上，12 頁。
161　同上，12 頁。
162　同上，12 頁。

実学　　ところで，これは会計学に限ったことではないが，<u>実学</u>と捉えられることが少なくない[163]という点は会計学の特徴の一つだろうし，この点は上の引用における「技法」と「科学」にもかかわる。「Is accounting an art or a science?」という問い掛けが屢々なされ，これはジョージ O. メイ（George O. May）の「会計は技術である。それは科学ではない（It is an art, not a science）」[164]という言に由来する[165]ともされ，この「art」は実学に通じようか。むろん，繁く「実学」の語とともに引き合いに出される福澤諭吉の用いる「実学」はこれが「science」の訳であることは看過しえない[166]が，けだし，会計学について一般にいわれる「実学」は実務・実践と結び付いた学問といった意味だ

---

[163]　田中弘『GDP も純利益も悪徳で栄える——賢者の会計学・愚者の会計学』2016 年，「読者の皆様へのメッセージ」5 頁。

　　　八田進二『会計。道草・寄り道・回り道』2018 年，16 頁。

[164]　G. O. メイ／木村重義（訳）『財務会計——経験の蒸留』1957 年，3 頁。

　　　George O. May, *Financial Accounting : A Distillation of Experience*, 1943, p. 1.

[165]　神森智「二つの会計学——実務者会計学対研究者会計学」『松山大学論集』第 30 巻第 4 - 2 号，2018 年，6 頁。

[166]　ただし，「福澤は，いわゆる金勘定の話は学者にする話ではない，とまで言っている」（池田幸弘「福澤諭吉と経済という言説——新旧両理念のはざまで」『三田評論』第 1252 号，2021 年，76 頁）一方，「狭い意味での経済学的な言説だけではなく，簿記や会計，財務のような広い意味では経済に関係がある言説が福澤の思想の中に占める割合は低くはなかったのではないか」（同上，85 頁）ともされる。あるいは「諭吉は……実践的な知識の重要性についても認識していた。その 1 つは簿記であり，あと 1 つは医学であった」（菅陽子「大学における会計教育と日本の経済発展」高田敏文（編著）『会計・監査研究の展開』2021 年，43 頁）ともされる。

ろうか。

「実務に携わる学者は不純だ」[167] などといった学界の声を否定し、「こと会計および監査の領域の場合……より良き実務を支えるために求められる会計・監査研究こそ」[168] が求められるとする向きがあり、あるいは「書斎の会計学」[169] を否定し、すなわち「「学の世界では原理原則を」、「実務界ではその応用を」」[170] といった行き方を否定する向きがある。「会計理論と会計実務は不可分の関係にあるものである（are inseparably connected）から、両者とも独自に存在することはできない」[171] という A. C. リトルトン（A. C. Littleton）の言も引かれる[172]。

ただしまた、しかしながら、わが国の会計の場合、「学界と実務界との関係は極めて薄弱」[173] ともされ、また、「（学者による）会計関係の論文・書籍は、ほぼ例外なく、「会計学は実学」とばかり、「会計実務は会計の教科書に書いてある通りに実践されている」という認識のもとに書かれている」[174] と批判する向きもあるが、「「会計学は実学」とばかり」とはどういうことか。会計学者は実学を志向しているのか。

167　八田『会計。道草・寄り道・回り道』16頁。

168　同上、16頁。

169　田中『GDPも純利益も悪徳で栄える』4頁。

170　同上、4頁。

171　A. C. リトルトン／大塚俊郎（訳）『会計理論の構造』1955年、3頁。
　　　A. C. Littleton, *Structure of Accounting Theory*, 1953, p.1.

172　神森「二つの会計学」6頁。

173　八田『会計。道草・寄り道・回り道』193頁。

174　田中『GDPも純利益も悪徳で栄える』5頁。

　「書斎の会計学」の批判者は「理論と実務が遊離している……実情」[175] をもって批判しているが，この「遊離」の「実情」は，けだし，「IFRS (International Financial Reporting Standards)（国際財務報告基準）の世界」[176] においては自ずと解消に至る筋合いにあるのかもしれない。IFRS の今後は未だ定かではないが，IFRS の世界は「「原則主義」を基本理念とする」[177] とされ，この理念は実務において判断を求める。もっとも，他方，「IFRS では「実現」を全否定して，すべて「発生」概念で構築しようとしている」[178] とされ，「そこでは会計的裁量が不可避である」[179] とされ，ここでの「裁量（判断し，処理すること）」は専らネガティブに捉えられている[180] が，しかし，判断を求める原則主義は，むろん，まずは原則を求め，原則はこれを理論がもたらす，という筋合いにある。

**資本主義と
会計の危機**　如上の論は資本主義と会計の関係にかかわる。
　この関係についてはまずは複式簿記と利益の関係[181] が言及される。よく引かれるヴェルナー・ゾンバルト（Werner Sombart）によれば，「複式簿記なくして資本

175　同上，「読者の皆様へのメッセージ」5 頁。

176　八田『会計。道草・寄り道・回り道』43 頁。

177　同上，43 頁。

178　田中『GDP も純利益も悪徳で栄える』141 頁。

179　同上，141 頁。

180　「極端なことを言うと，決算は企業の思いどおりにできる」（同上，141 頁）。

181　友岡『歴史にふれる会計学』84〜85 頁。

主義というものをかんがえることはできない」[182]とされ，「複式
簿記以前のこの世には，資本というカテゴリィが存在しなかっ
た」[183]とされる。

「資本というカテゴリィ」は利益の把捉とともにあり，例えば
次のように説明される。

> 「複式簿記のおかげで商人は，それまで個人の肌感覚として
> とらえていた「利益」なるものを計算・記録するシステムを
> 手にし，利益を追求することができるようになった。……複
> 式簿記によって利益が「見える化」されたのである。……利
> 益が「見える化」された結果，富を蓄積することができるよ
> うになり，余剰な資本を次の投資に充てることができるよう
> になる」[184]。

しかしながら，如上の複式簿記は「「利益を見える化」する一
方で，企業倫理とか経営の健全性，個人の幸福といったことが軽
視される一因となった」[185]ともされているが，他方，「みんなを
幸せにする会計」の論者によれば，「資本主義が問題」[186]ともさ
れ，「近代資本主義社会の背景にある形式的功利主義，営利主義，
そして発展至上主義的な行動原理の蔓延」[187]が問題視される。

---

[182]　同上，84頁。

[183]　同上，85頁。

[184]　田中『GDPも純利益も悪徳で栄える』95頁。

[185]　同上，147頁。

[186]　黒川『会計と社会』10頁。

[187]　同上，18頁。

この論者は「社会科学の研究者の有り方を少しく省みて云々」[188]
としつつも，会計学についてはその対象は利益計算システムで
あって，「利益計算システムとしての会計は，効率性測定の最有
力な手段であると看做されてきた」[189] が，「「社会全体の効率性
増進が社会的目標へと横滑る（そのまま社会的目標になる）」ことに
疑問が湧いた」[190] 彼は，けだし，専ら資本主義に資する会計と
会計学の再考を志向するに至る。

　「みんなを幸せにする」会計学と「みんなを幸せにする」社会
科学の関係は，会計学は社会科学だからこそ「みんなを幸せに」
ともされる。「会計学者の責任」の論者によれば，「会計学は，単
なる技法ではなく，社会科学の一分野である」[191] とされ，「社会
科学の役割は，ごく一部の富める人のためではなく，社会を根底
から支えている大多数の人を幸せに導くための学問でなければな
らない」[192] とされ，「金融資本主義に加担する現行会計制度」[193]
が俎上に載るに至る。すなわち，槍玉に挙げられるのは公正価値
会計であって，「金融資本主義を支える公正価値会計が……貧富
の差の拡大によって，差別や犯罪や紛争を生み出している」[194]
とされ，「利益追求至上主義，あるいは有用性至上主義の制度や

188　同上，ⅰ頁。

189　同上，ⅳ頁。

190　同上，ⅴ頁（（　）書きは山浦久司「黒川行治著『会計と社会　公
　　　共会計学論考』（書評）」『会計・監査ジャーナル』第 30 巻第 4 号，
　　　2018 年，82 頁）。

191　渡邉「会計学者の責任」12 頁。

192　同上，12 頁。

193　渡邉『原点回帰の会計学』77 頁。

194　同上，180 頁。

基準を見直すことが強く望まれる」[195] とされる。こうした公正価値会計の否定については「公正価値会計がどのような経路によって，経済的格差の増幅に結びついているのかという論理が不明確であ」[196] り，「公正価値会計の導入と経済的格差の拡大との間に相関関係は確認されるものの，因果関係がわかりにくい」[197] という批判的な指摘があるが，他方，利益至上主義の否定は例えば「「幸福と会計」という独自（？）のテーマを追い続けている」[198] [199] と評される別の論者においてもなされ，「かつて利益の拡大は幸福に直結した」[200] が，「今日，以前に前提されていたような「利益」と「幸福」の正の連関性は薄い」[201] とされ，「これまでの「利益」最大化を動機メカニズムのコアとする利益計算会計制度は終焉する可能性がある」[202] とされ，「ボトムラインの「利益」を最大化して超過利益を求める投資家や株主を優遇する政策は社会の主観的幸福感を増進しない」[203] ため，とされる。あるいは

---

195 同上，192頁。

196 野間幹晴「渡邉泉著『原点回帰の会計学——経済的格差の是正に向けて』（書評）」『會計』第199巻第2号，2021年，114頁。

197 同上，114頁。

198 大石桂一「財務会計研究の将来を考える」『會計』第197巻第1号，2020年，9～10頁。

199 ただし，本節がみてきているように「独自」とはいえないだろう。

200 鈴木智英「『会計と幸福』——準需要飽和・準完全競争下の〈経済〉社会のアカウンティング」『企業会計』第71巻第1号，2019年，99頁。

201 同上，97頁。

202 スズキトモ「制度設計のナッジとしてのアカウンティング」『會計』第197巻第1号，2020年，64頁。

203 同上，63頁。

「国民あるいは全世界にとって，彼らの幸せにつながらない会計は終焉する」[204] とされ，「売上や利益が伸びても幸福感が伴わなくなれば，いつか，人は，会計などどうでもよくなる」[205] とされる。

「会計などどうでもよくなる」ということは，会計に何も期待しなくなる，ということか。「期待」というと，監査における期待ギャップが想起される。これには監査人がすべきことをしていないことによるギャップもあれば，監査に対する世間の期待に誤解ないしずれがあることによるギャップもある。ただし，後者については「たとえそれが困難なことであっても，社会の期待に応えない，という選択は，ならば社会にとって公認会計士は不要である，という批判に結果しかねない」[206] とされ，あるいは「監査人と財務諸表利用者の双方における「監査に対する認識の相違」といった」[207] 捉え方を「消極的ないしは後ろ向き的な対応」[208] と批判し，「経済社会における業務ないしはそれを担う職業が存在意義を有するのは，社会の人々が抱く期待ないしは要求を満たしてくれるとの思いがあるからであり，それが満たされない場合には，結果的に淘汰されるのは世の必然」[209] と断ずる向きもある。

204　伊藤邦雄，鈴木智英「果たして「会計の再生」は可能か（対談）」『企業会計』第 70 巻第 12 号，2018 年，26 頁（鈴木談）。

205　同上，26 頁（鈴木談）。

206　吉見宏「会計専門職とその監査が直面する危機——公認会計士に求められる判断」『企業会計』第 71 巻第 1 号，2019 年，82 頁。

207　八田『会計。道草・寄り道・回り道』102 頁。

208　同上，103 頁。

209　同上，103 頁。

「淘汰される」ということはただ除かれるのか，それとも，ほかの何かに取って代わられるのか。「どうでもよくなる」とされ，期待されなくなった会計はただ除かれるのか，それとも，ほかの何かに取って代わられるのか。

　あるいは期待を維持（回復）すべく変わるのか。変わるべきなのか。しかし，どこまで変わったら，会計が会計でなくなるのか。「会計は説明である」[210] といった類いの定義なら，かなり会計のままでいられるかもしれない。「幸福と会計」の論者によれば，「今後……必要とされるのがビッグデータやAIの技術を援用した新しいAccounting（説明 - 行為）である」[211] とされる。複式簿記という要件を捨て，貨幣数値という要件を捨て，定量という要件を捨て，あるいはまた，複式簿記という制約を解き，貨幣数値という制約を解き，定量という制約を解き，しかし，それでもなお会計であり続けるのか。幸せを扱うのは会計の仕事なのか。淘汰されないために幸せを扱うのか。「かつて」のように「幸福に直結」しない利益，その計算は要らなくなるのか。

　閑話休題。金融資本主義を批判する「会計学者の責任」の論者は「会計の原点に立ち返る」[212] べきとし，「有用性アプローチに代わる信頼性アプローチ」[213] の採用を提唱し，次のように結ぶに至る。

210　友岡『会計学原理』51 頁。

211　鈴木「『会計と幸福』」103 頁（（　）書きは原文）。

212　渡邉『原点回帰の会計学』176 頁。

213　同上，181 頁。

「会計学の原点である信頼性の回復に向けた新たな代替アプローチを提示していかなければならない。利益追求という際限のない欲望が……人の心を壊し，会計学を壊してしまう前に」[214]。

　金融資本主義が「会計学を壊してしまう」とはどういうことか。壊される，ということはこれを次のように「終焉」，あるいは「死」と述べる向きもある。

　「行き過ぎた資本主義への修正，あるいは「良き資本主義」の実現に向けて，会計人は何ができるのかが問われている。そうした発想と使命感なくしては，会計は……「終焉」あるいは座して「死」を待つしかないのかもしれない」[215]。

　この向きは会計の終焉の虞に危機感を抱きつつ，終焉の回避，すなわち会計の再生を論じており[216]，「従来の意味での「会計」はもはや有用性（レリバンス）を喪失しつつある」[217]との認識の下，「会計が企業評価に有用な情報を提供することが使命であり，かつその使命を果たし続けるためには，会計（学）は今後は非財務情報を自らの領域として取り込む必要がある。……会計が企業

---

[214]　同上，192 頁。

[215]　伊藤邦雄「会計は「終焉」か，それとも「再生」か――ガバナンス改革の進化の視点から」河﨑照行（編著）『会計研究の挑戦――理論と制度における「知」の融合』2020 年，47 頁。

[216]　同上，20 頁。

[217]　同上，41 頁（（　）書きは原文）。

価値の評価に有用な「情報」を提供することとする目的観に立ち，それを維持するとすれば，会計は財務情報のみを扱うのではなく，非財務情報も主たる対象とすることになろう」[218] とする。もっとも「会計だけでなくて，非財務情報を含めた情報開示の制度設計も検討していくべき」[219] といった記述もみられ，会計の範疇と非財務情報の関係の捉え方に些かぶれもみられるが，それはさて措き，この「会計の再生」の論者は「これは会計の「拡大主義」を迫るものではない」[220] としつつも，「財務指標と非財務指標のインテグレーションを図る」[221] という行き方をもって提案，しかしながら，他方，「会計学者の責任」の論者は「有用性偏重から生じてくる様々な矛盾」[222] を認識の上，「金融資本主義からの脱却を志向するための会計学のあり方について論じ……そのためには原点回帰が必要」[223] とする。

　片や有用性の維持（回復）を志向して非財務情報への「拡大」を提唱，片や有用性を批判して「原点回帰」を提唱，と対照的ながら，会計の終焉の虞に対する危機感は共通しているが，この危機感は，会計学者であるがゆえの危機感，なのだろうか。「幸福と会計」の論者は「いつか，人は，会計などどうでもよくなる」

218　同上，41 頁（（　）書きは原文）。

219　伊藤，鈴木「果たして「会計の再生」は可能か（対談）」36 頁（伊藤談）。

220　伊藤「会計は「終焉」か，それとも「再生」か」47 頁。

221　同上，47 頁。

222　渡邉『会計学者の責任』128 頁。

223　小栗崇資「渡邉泉著『会計学者の責任――歴史からのメッセージ』（書評）」『會計』第 196 巻第 3 号，2019 年，105 頁。

としていたが，「どうでもよくなる」ことに対する危機感は，会計学者であるがゆえの危機感，なのだろうか。

　なお，有用性に対する態度については叙上の二つのいずれでもない立場もみられ，すなわち，喪失しつつある有用性の回復を目指すのではなく，また，有用性の追求を批判するのでもない立場もみられる。すなわち，この向きによれば，如上の「会計の危機」[224] は「現代の会計の目的が，資本市場における投資意思決定有用性にのみ向かっている」[225] ことがその原因とされ，ただし，「よく言われる意思決定有用性vs.信頼性という対立構図を想定し，意思決定有用性ではなく信頼性を最重要視する方向に舵を切るべきだ，という見解は」[226] これが採られることはない。いわく，「意思決定有用性そのものが問題というより，資本市場における投資のみを想定した意思決定有用性に問題があるのである」[227]。

　「行き過ぎた資本主義」については，「会計の再生」の論者によれば，「市場経済において各個人が自己の利益を追求すれば，結果として社会全体において適切な資源配分が達成される」[228] とするアダム・スミス（Adam Smith）のパラダイムと「企業の社会的責任は（株主への）利益の最大化である」[229] とするミルトン・

---

[224]　戸田龍介「継承・発展すべき会計思考についての一考察」『會計』
　　　第199巻第1号，2021年，64頁。
[225]　同上，65頁。
[226]　同上，65頁。
[227]　同上，65頁。
[228]　伊藤「会計は「終焉」か，それとも「再生」か」43頁。
[229]　同上，43頁（（　）書きは原文）。

フリードマン（Milton Friedman）のパラダイム，この「2つのパラダイムに支えられた資本主義の行き過ぎ」[230] とされており，如上のスミスのパラダイム批判は前出の「社会全体の効率性増進が社会的目標へと横滑ること」への「疑問」に通ずるものがあり，また，「個別企業にとって「利益」と考えるものが，合計して「社会の利益」とならないかもしれない……。これは，社会的な観点から会計の利益を見直す必要があるかもしれない，ということではない」[231] か，といった指摘にも繋がろう。

倫理　　　ただし，「会計学者の責任」の論者の近著[232] については「スミスの著書（『道徳感情論』[233] および『国富論』[234]）との類似性」[235] が指摘され，「みんなを幸せにする会計」の論者もスミスの書を多く引く[236]。ただし，視点はいずれも「倫理観」[237] にあり，ただし，倫理観の要求は会計学固有のことでもなく，社会科学固有のことでもなく，科学一般のことだろうし，また，学者の倫理と実務家の倫理の関係はどのように捉えるべきか。わが国

---

[230]　同上，43 頁（（　）書きは原文）。

[231]　田中『GDP も純利益も悪徳で栄える』37 頁。

[232]　渡邉『原点回帰の会計学』。

[233]　*The Theory of Moral Sentiments*, 1759.

[234]　*An Inquiry into the Nature and Causes of the Wealth of Nations*, 1776.

[235]　野間「渡邉泉著『原点回帰の会計学──経済的格差の是正に向けて』（書評）」112 頁。

[236]　黒川『会計と社会』243〜247，304〜305 頁。

[237]　野間「渡邉泉著『原点回帰の会計学──経済的格差の是正に向けて』（書評）」113 頁。

　　　黒川『会計と社会』246〜247 頁。

...

...

...

...

における会計プロフェッション論の先駆をもって自任する[238]或る論者によれば，「「倫理」……がなくては「プロフェッション」とはいえない」[239]ともされる。

　プロフェッションにおける倫理については公益とプロフェッショナリズムの関係が問題となる。結論からいえば，公益のために専門的知識・技倆と倫理を結び付けるものがプロフェッショナリズムといえようか[240]。

　会計プロフェッションに限らず，そもそもプロフェッションというものは，公益のため，ということを自身の目的に掲げ，これがプロフェッショナリズムに繋がる[241]が，プロフェッションの専門性と倫理の関係については，プロフェッショナリズムは専門的知識を，規則のなかにではなく，人のなかに置き，したがって，プロフェッショナリズムはこれによって知識と倫理を関係付けることができる，ともされ，また，この関係を会計制度の在り方に関する［規則主義vs.原則主義］の議論とかかわらしめて考えれば，原則主義は専門的知識を人のなかに求め，すなわちプロフェッショナリズムを必要とする，ということになるともされる[242]。すなわち，前出の「IFRSの世界」はプロフェッショナリズムを求める。

　プロフェッショナリズムを求めるということは倫理を求めるということであって，倫理は専門的知識・技倆の用い方に作用し，

238　八田『会計。道草・寄り道・回り道』33〜34 頁。
239　同上，112 頁。
240　友岡『会計学原理』183〜185 頁。
241　同上，177 頁。
242　Matthew Gill, *Accountants' Truth*, 2009, pp. 99-100.

用い方の問題は判断の問題にほかならない。倫理をもって専門的
知識・技倆を用いる，ということは，プロフェッショナルの判断
が行われている，ということを意味する。

　如上の関係は**図1**[243] のようにまとめられる。

図1　公益と倫理とプロフェッショナリズム

プロフェッショナル	プロフェッショナリズム	専門的知識・技倆 （expertise）	専門家 （expert）
		倫理 （誠実性，独立性等）	

専門的知識・技倆の用い方
‖
判断
↓
公益

　「みんなを幸せにする会計」の論者は「学者としての職業倫
理」[244] について述べており，「専門研究者としての技術的および
倫理的基準を遵守」[245] すること，「公益を尊重し，公益に繋がる
と思われる方法で活動する」[246] こと，「最高度の誠実さ」[247] を

243　友岡『会計学原理』184 頁。

244　黒川『会計と社会』ⅱ頁。

245　同上，ⅱ頁。

246　同上，ⅱ頁。

247　同上，ⅲ頁。

もって学者に求める。「誠実さ」は倫理の要^{かなめ}であって，会計プロフェッションについても「公共の利益に対する「誠実性」を重視し，それを常に高いレベルで発揮し続けようとする心のあり方」[248]が求められる。他方，今後の会計プロフェッションについて，AI に取って代わられないための「社会的判断の必要性」[249] をもって指摘する向きは「そこで行われている……会計実務が……今後の人類社会の発展に必要なことなのか，人間をより豊かにし，幸福につながるものなのかの判断が求められる」[250] とする。

　「公益」，「誠実」，「幸福」……いずれの語も，抗いがたい響きをもつ。「会計学者の責任」の論者は「会計の果たすべき究極の役割」[251] をもって提示しているが，決め付けの「べき」論には論理的な反論の余地がなく，また，「みんなを幸せにする」にはやはり抗しがたい。

248　柴谷哲朗「誠実性（Integrity）」『企業会計』第 73 巻第 3 号，2021 年，14 頁。

249　吉見「会計専門職とその監査が直面する危機」85 頁。

250　同上，86 頁。

251　渡邉『会計学者の責任』179 頁。

●● 文献リスト ●●

會田義雄「引当金論」『會計』第 100 巻第 2 号，1971 年。

Robert N. Anthony, *Future Directions for Financial Accounting*, Dow Jones-Irwin, 1984.

R. N. アンソニー（R. N. Anthony）／佐藤倫正（訳）『財務会計論——将来の方向』白桃書房，1989 年。

安藤英義「緒言」安藤英義，新田忠誓（編著）『森田哲彌学説の研究——一橋会計学の展開』中央経済社，2020 年。

青柳文司『会計学の原理（新版）』中央経済社，1979 年。

新井益太郎「編集後記」『産業經理』第 52 巻第 2 号，1992 年。

浅野敬志『会計情報と資本市場——変容の分析と影響』中央経済社，2018 年。

馬場克三，内川菊義『基本簿記概論』春秋社，1960 年。

番場嘉一郎（座長）「資本会計（円卓討論）」『會計』第 76 巻第 3 号，1959 年。

番場嘉一郎「持分会計の基本理論」番場嘉一郎（責任編集）『近代会計学大系［第 3 巻］ 持分会計論』中央経済社，1968 年。

全在紋『会計言語論の基礎』中央経済社，2004 年。

全在紋『会計の力』中央経済社，2015 年。

全在紋「複式簿記の誕生（新説）」『桃山学院大学経済経営論集』第 61 巻第 4 号，2020 年。

江村稔「会計原則修正案における引当金批判」『會計』第 97 巻第 2 号，1970 年。

江村稔「貸借対照表原則の会計学的考察」『會計』第 100 巻第 1 号，1972 年。

Financial Accounting Standards Board, Statement of Financial Accounting Concepts No. 2, *Qualitative Characteristics of Accounting Information*,

1980.

Financial Accounting Standards Board, Statement of Financial Accounting Concepts No. 5, *Recognition and Measurement in Financial Statements of Business Enterprises*, 1984.

古谷允寿「無形固定資産・繰延資産と保守主義」『熊本商大論集』第 47 号, 1975 年。

Matthew Gill, *Accountants' Truth : Knowledge and Ethics in the Financial World*, Oxford University Press, 2009.

長谷川茂「会計と社会言語的特性」飯野利夫先生喜寿記念論文集刊行会 (編)『財務会計の研究——飯野利夫先生喜寿記念論文集』税務経理協会, 1995 年。

長谷川茂「会計と複式簿記の接点」塩原一郎 (編著)『現代会計——継承と変革の狭間で』創成社, 2004 年。

長谷川茂『会計の社会言語論的展開』森山書店, 2008 年。

八田進二『会計。道草・寄り道・回り道』泉文堂, 2018 年。

平井克彦「引当金と繰延資産」『産業經理』第 52 巻第 2 号, 1992 年。

平井克彦『引当金会計論 (新版)』白桃書房, 1995 年。

平松一夫, 広瀬義州 (訳)『FASB 財務会計の諸概念 (増補版)』中央経済社, 2002 年。

平野智久「貸借対照表の貸方区分における預り金概念の試み」『慶應商学論集』第 24 巻第 1 号, 2011 年。

平野智久「貸借対照表の貸方を検討するための基本的視座」『慶應商学論集』第 25 巻第 1 号, 2012 年。

平野智久『仕訳でかんがえる会計学入門』新世社, 2019 年。

広瀬義州「財務報告の変革に関する研究の意義」広瀬義州 (編著)『財務報告の変革』中央経済社, 2011 年。

広瀬義州「財務報告の意義と課題」広瀬義州, 藤井秀樹 (責任編集)『体系現代会計学 [第 6 巻] 財務報告のフロンティア』中央経済社, 2012 年。

広瀬義州『財務会計 (第 13 版)』中央経済社, 2015 年。

広瀬義州，藤井秀樹（責任編集）『体系現代会計学［第6巻］　財務報告のフロンティア』中央経済社，2012年。

星野彰男，和田重司，山崎怜『スミス国富論入門』有斐閣新書，1977年。

井尻雄士『会計測定の基礎——数学的・経済学的・行動学的探究』東洋経済新報社，1968年。

井尻雄士『会計測定の理論』東洋経済新報社，1976年。

池田幸弘「福澤諭吉と経済という言説——新旧両理念のはざまで」『三田評論』第1252号，2021年。

壹岐芳弘「資本概念と会計主体観」安藤英義，新田忠誓（編著）『会計学研究』中央経済社，1993年。

壹岐芳弘「資本維持論の動向と課題（1）」『會計』第150巻第2号，1995年。

伊崎義憲『会計学論考』創成社，1979年。

伊崎義憲『監査行動の研究』創成社，1980年。

伊崎義憲『会計と意味』同文舘出版，1988年。

伊藤邦雄「実証的会計研究の進化」伊藤邦雄，桜井久勝（責任編集）『体系現代会計学［第3巻］　会計情報の有用性』中央経済社，2013年。

伊藤邦雄『新・現代会計入門（第4版）』日本経済新聞出版社，2020年。

伊藤邦雄「会計は「終焉」か，それとも「再生」か——ガバナンス改革の進化の視点から」河﨑照行（編著）『会計研究の挑戦——理論と制度における「知」の融合』中央経済社，2020年。

伊藤邦雄，鈴木智英「果たして「会計の再生」は可能か（対談）」『企業会計』第70巻第12号，2018年。

陣内良昭「複式簿記」会計学中辞典編集委員会（編）『会計学中辞典』青木書店，2005年。

会計フロンティア研究会（編）『財務会計のフロンティア』中央経済社，1993年。

神森智「二つの会計学——実務者会計学対研究者会計学」『松山大学論集』第30巻第4-2号，2018年。

笠井昭次「岩田理論の現代的意義——「会計管理のための簿記」観を巡っ

て（1）」『會計』第 140 巻第 1 号，1991 年。

笠井昭次「岩田理論の現代的意義——「会計管理のための簿記」観を巡って（2）」『會計』第 140 巻第 2 号，1991 年。

笠井昭次「岩田理論の現代的意義——その独創性・統合性を巡って」『企業会計』第 43 巻第 11 号，1991 年。

笠井昭次「会計構造の文法規約を巡って」安平昭二（編著）『簿記・会計の理論・歴史・教育』東京経済情報出版，1992 年。

笠井昭次「岩田理論の現代的意義——岩田巖の研究姿勢をめぐって」『企業会計』第 45 巻第 6 号，1993 年。

笠井昭次「田中茂次著『会計言語の構造』（書評）」『會計』第 149 巻第 4号，1996 年。

笠井昭次「理論と実践」『三田商学研究』第 42 巻第 4 号，1999 年。

加藤盛弘，木下勝一「現代会計と会計認識領域の拡大」加藤盛弘（編著）『現代会計の認識拡大』森山書店，2005 年。

川端保至『19 世紀ドイツ株式会社会計の研究』多賀出版，2001 年。

川村義則「マネジメント・アプローチと比較可能性——米国のディスクロージャー基準をめぐる最近の動向」『JICPA ジャーナル』第 8 巻第 11 号，1996 年。

木村重義「繰延資産会計論」片野一郎（責任編集）『体系近代会計学［第4 巻］　資産会計論』中央経済社，1961 年。

木村重義『簿記要論』中央経済社，1963 年。

金融庁「「新型コロナウイルス感染症の影響を踏まえた企業決算・監査等への対応に係る連絡協議会」の設置について」（https://www.fsa.go.jp/news/r 1 /sonota/ 20200403_kansa/ 20200403.html）2020 年 4月 3 日。

企業会計基準委員会「討議資料『会計情報の質的特性』」2004 年。

企業会計基準委員会「討議資料『会計情報の質的特性』」2006 年。

コーラー（Eric L. Kohler）／染谷恭次郎（訳）『会計学辞典』丸善，1973年。

國部克彦「写像と築像の会計理論」『JICPA ジャーナル』第 4 巻第 3 号，

1992 年。

熊谷重勝『引当金会計の史的展開』同文舘出版，1993 年。

倉田三郎「ヒュックリの単式簿記論について」『松山商大論集』第 39 巻第
　　4 号，1988 年。

倉田三郎「単式簿記の特徴と複式簿記の本質」『松山大学論集』第 4 巻第
　　3 号，1992 年。

黒川行治『会計と社会——公共会計学論考』慶應義塾大学出版会，2017 年。

A. C. Littleton, *Structure of Accounting Theory*, American Accounting
　　Association, 1953.

A. C. リトルトン（A. C. Littleton）／大塚俊郎（訳）『会計理論の構造』
　　東洋経済新報社，1955 年。

A. C. Littleton, *Accounting Evolution to 1900*, 2nd ed., Russel & Russel,
　　1966.

リトルトン（A. C. Littleton）／片野一郎（訳），清水宗一（助訳）『会計
　　発達史（増補版）』同文舘出版，1978 年。

前田昌孝「会計基準を緩めていいのか」『企業会計』第 72 巻第 7 号，2020
　　年。

前川千春「利益計算システム類型化の意義」『経理研究』第 57 号，2014 年。

丸岡恵梨子「繰延資産と会計上の引当金項目の再検討——収益費用観と資
　　産負債観の観点から」『中央大学大学院研究年報　理工学研究科
　　篇』第 44 号，2014 年。

George O. May, *Financial Accounting : A Distillation of Experience*, Macmillan,
　　1943.

G. O. メイ（G. O. May）／木村重義（訳）『財務会計——経験の蒸留』ダ
　　イヤモンド社，1957 年。

宮川宏「企業の経済的判断が会計情報に与える影響」『会計人コース』第
　　55 巻第 7 号，2020 年。

森川八洲男『体系財務諸表論（第 2 版）』中央経済社，2008 年。

森田哲彌「インフレーション会計の諸形態」森田哲彌（責任編集）『体系
　　近代会計学［第 8 巻］　インフレーション会計』中央経済社，1982

年。

森田哲彌「個別価格変動会計論（その2）――実際取替原価会計論」森田
　　哲彌（責任編集）『体系近代会計学［第8巻］　インフレーション会
　　計』中央経済社，1982年。

茂木虎雄「単式簿記」黒澤清（編集代表）『会計学辞典』東洋経済新報社，
　　1982年。

村瀬儀祐「会計認識拡大理論の制度機能」加藤盛弘（編著）『現代会計の
　　認識拡大』森山書店，2005年。

村田英治「会計主体論の再検討」『會計』第141巻第1号，1992年。

明神信夫「単式簿記」松尾聿正，平松一夫（編著）『基本会計学用語辞典
　　（改訂版）』同文舘出版，2008年。

永野則雄『財務会計の基礎概念――会計における認識と測定』白桃書房，
　　1992年。

中居文治『貨幣価値変動会計』有斐閣，2001年。

中村文彦「純資産の意味（考）」『會計』第198巻第1号，2020年。

中野貴之「IFRSの適用と財務情報の比較可能性」『會計』第197巻第6号，
　　2020年。

中野常男「単式簿記」神戸大学会計学研究室（編）『会計学辞典（第6
　　版）』同文舘出版，2007年。

中野常男「複式簿記」神戸大学会計学研究室（編）『会計学辞典（第6
　　版）』同文舘出版，2007年。

中山重穂『財務報告に関する概念フレームワークの設定――財務情報の質
　　的特性を中心として』成文堂，2013年。

日本公認会計士協会「昨晩および今朝の日経新聞の一部報道について」
　　（https://jicpa.or.jp/news/information/2020/20200403igf.html）
　　2020年4月3日。

西川登「簿記」会計学中辞典編集委員会（編）『会計学中辞典』青木書店，
　　2005年。

西尾実，岩淵悦太郎，水谷静夫，柏野和佳子，星野和子，丸山直子（編）
　　『岩波国語辞典（第8版）』岩波書店，2019年。

野間幹晴「渡邉泉著『原点回帰の会計学——経済的格差の是正に向けて』（書評）」『會計』第 199 巻第 2 号，2021 年。

野村秀和「贈与（受贈）利潤論」京都大学会計学研究室（編）『会計利潤論』ミネルヴァ書房，1968 年。

沼田嘉穂「繰延資産と引当金の類似性について」『駒大経営研究』第 11 巻第 2 号，1980 年。

大日方隆「会計情報の質的特性」斎藤静樹（編著）『詳解「討議資料　財務会計の概念フレームワーク」』中央経済社，2005 年。

大日方隆「会計情報の質的特性」斎藤静樹（編著）『詳解「討議資料　財務会計の概念フレームワーク」（第 2 版）』中央経済社，2007 年。

小形健介「IASB の組織編成と基準開発の関係性」『會計』第 197 巻第 5 号，2020 年。

小栗崇資「簿記・会計史の理論的相対化——複式簿記の生成・発展を中心に」竹田範義，相川奈美（編著）『会計のリラティヴィゼーション』創成社，2014 年。

小栗崇資「渡邉泉著『会計学者の責任——歴史からのメッセージ』（書評）」『會計』第 196 巻第 3 号，2019 年。

岡崎虎一「引当金の本質について——引当金留保所得説」『會計』第 97 巻第 1 号，1970 年。

大石圭一「会計基準」斎藤静樹，徳賀芳弘（責任編集）『体系現代会計学［第 1 巻］　企業会計の基礎概念』中央経済社，2011 年。

大石桂一「財務会計研究の将来を考える」『會計』第 197 巻第 1 号，2020 年。

大藪俊哉「単式簿記」森田哲彌，宮本匡章（編著）『会計学辞典（第 5 版）』中央経済社，2008 年。

大藪俊哉「複式簿記」森田哲彌，宮本匡章（編著）『会計学辞典（第 5 版）』中央経済社，2008 年。

小津稚加子「国際会計基準の歴史——比較可能性プロジェクトとコア・スタンダード」野口昌良，清水泰洋，中村恒彦，本間正人，北浦貴士（編）『会計のヒストリー80』中央経済社，2020 年。

W. A. Paton and A. C. Littleton, *An Introduction to Corporate Accounting Standards*, American Accounting Association, 1940.

ペイトン（W. A. Paton），リトルトン（A. C. Littleton）／中島省吾（訳）『会社会計基準序説（改訳版）』森山書店，1958 年。

齋藤真哉「資本維持」斎藤静樹，徳賀芳弘（責任編集）『体系現代会計学［第 1 巻］ 企業会計の基礎概念』中央経済社，2011 年。

齋藤真哉「森田学説における原価主義会計」安藤英義，新田忠誓（編著）『森田哲彌学説の研究——一橋会計学の展開』中央経済社，2020 年。

斎藤静樹『会計基準の研究（増補改訂版）』中央経済社，2013 年。

斎藤静樹「外側からみる企業会計——会計情報の使われ方と作られ方」慶應義塾大学会計研究室公開講演会，2019 年。

桜井久勝『財務会計講義（第 21 版）』中央経済社，2020 年。

坂本藤良「原価の決定」横浜市立大学会計学研究室（編）『現代会計学体系［第 1 巻］』同文舘出版，1968 年。

佐藤倫正「会計が促す新資本主義——資金会計のイノベーション」『商学研究』第 54 巻第 2・3 号，2014 年。

佐藤倫正「新概念フレームワークの会計主体論——IASBへのコメントレター」『産業經理』第 74 巻第 3 号，2014 年。

佐藤倫正「21 世紀の資本の会計——企業主体論の現代的意義」『会計・監査ジャーナル』第 27 巻第 7 号，2015 年。

澤登千恵「減損会計」野口昌良，清水泰洋，中村恒彦，本間正人，北浦貴士（編）『会計のヒストリー80』中央経済社，2020 年。

柴谷哲朗「誠実性（Integrity）」『企業会計』第 73 巻第 3 号，2021 年。

志賀理『会計認識領域拡大の論理』森山書店，2011 年。

島本克彦『簿記教育上の諸問題』関西学院大学出版会，2015 年。

清水新「商法上の繰延資産について」『エコノミア』第 45 号，1972 年。

新型コロナウイルス感染症の影響を踏まえた企業決算・監査等への対応に係る連絡協議会「新型コロナウイルス感染症の影響を踏まえた企業決算・監査及び株主総会の対応について」（https://www.fsa.go.jp/news/r 1/sonota/ 20200415/ 01.pdf）2020 年 4 月 15 日。

新村出（編）『広辞苑（第 7 版）』岩波書店，2018 年。

アダム・スミス（Adam Smith）／大内兵衛，松川七郎（訳）『諸国民の富［第 4 冊］』岩波文庫，1966 年。

菅陽子「大学における会計教育と日本の経済発展」高田敏文（編著）『会計・監査研究の展開』同文舘出版，2021 年。

杉本典之「引当経理の目的と計算構造に関する若干の考察」『エコノミア』第 45 号，1972 年。

杉本典之『引当経理と繰延経理』同文舘出版，1981 年。

Waino W. Suojanen, 'Accounting Theory and the Large Corporation,' *The Accounting Review*, Vol. 29, No. 3, 1954.

スズキトモ「制度設計のナッジとしてのアカウンティング」『會計』第 197 巻第 1 号，2020 年。

鈴木智英「『会計と幸福』――準需要飽和・準完全競争下の〈経済〉社会のアカウンティング」『企業会計』第 71 巻第 1 号，2019 年。

田口聡志『教養の会計学――ゲーム理論と実験でデザインする』ミネルヴァ書房，2020 年。

高哲男『アダム・スミス――競争と共感，そして自由な社会へ』講談社，2017 年。

高橋良造『時価主義会計学説』中央経済社，1989 年。

高橋良造『時価評価会計論』中央経済社，2004 年。

高松和男「持分の本質とその分類――企業体理論と持分概念」『會計』第 76 巻第 3 号，1959 年。

武田隆二『法人税法精説』森山書店，2000 年。

武田隆二「純利益 vs 包括利益――論争の深層を探る［第 1 回］　資産負債アプローチ vs 収益費用アプローチ」『企業会計』第 60 巻第 10 号，2008 年。

武田隆二「純利益 vs 包括利益――論争の深層を探る［第 2 回］　収益費用アプローチと「ドイツ型」資産負債アプローチ――損益計算の「原型」と「派生型」」『企業会計』第 60 巻第 11 号，2008 年。

竹内益五郎「繰延資産と引当金について――商法と財務諸表規則の調整」

『産業經理』第 24 巻第 1 号，1964 年。

田中弘『GDP も純利益も悪徳で栄える――賢者の会計学・愚者の会計学』税務経理協会，2016 年。

田中茂次『物価変動会計の基礎理論』同文舘出版，1989 年。

田中茂次『会計言語の構造』森山書店，1995 年。

田中茂次『会計深層構造論』中央大学出版部，1999 年。

O. テン・ハーヴェ（O. ten Have）／三代川正秀（訳）『新訳　会計史』税務経理協会，2001 年。

戸田博之「非複式簿記の再吟味」安平昭二（編著）『簿記・会計の理論・歴史・教育』東京経済情報出版，1992 年。

戸田龍介「継承・発展すべき会計思考についての一考察」『會計』第 199 巻第 1 号，2021 年。

戸田義郎「繰延資産会計論」片野一郎（責任編集）『近代会計学大系［第 4 巻］　資産会計論』中央経済社，1970 年。

德賀芳弘，大日方隆（編著）『財務会計研究の回顧と展望』中央経済社，2013 年。

友岡賛『歴史にふれる会計学』有斐閣，1996 年。

友岡賛『株式会社とは何か』講談社現代新書，1998 年。

友岡賛『会計学はこう考える』ちくま新書，2009 年。

友岡賛『会計学原理』税務経理協会，2012 年。

友岡賛『会計学の基本問題』慶應義塾大学出版会，2016 年。

友岡賛『会計と会計学のレーゾン・デートル』慶應義塾大学出版会，2018 年。

友岡賛『会計の歴史（改訂版）』税務経理協会，2018 年。

友岡賛『日本会計史』慶應義塾大学出版会，2018 年。

友岡賛『会計学の考え方』泉文堂，2018 年。

友岡賛「会計と会計学のレーゾン・デートル」『企業会計』第 71 巻第 1 号，2019 年。

友岡賛『会計学の地平』泉文堂，2019 年。

友岡賛「会計ファームはプロフェッショナルに徹するべき」『Best Professional Firm 2020』プレジデント社，2020 年。

友岡賛「「会計ルール弾力化」の不思議」『旬刊 経理情報』第 1610 号，
　　2021 年。

豊田俊一「2006 年版の変更点と特徴」斎藤静樹（編著）『詳解「討議資料
　　財務会計の概念フレームワーク」（第 2 版）』中央経済社，2007 年。

円谷昭一「非財務情報の報告」広瀬義州，藤井秀樹（責任編集）『体系現
　　代会計学［第 6 巻］ 財務報告のフロンティア』中央経済社，2012
　　年。

David Tweedie and Geoffrey Whittington, *The Debate on Inflation Accounting*,
　　Cambridge University Press, 1984.

D. P. Tweedie and G. Whittington, *Capital Maintenance Concepts : The Choice*,
　　Accounting Standards Committee, 1985.

上野清貴「会計観としての収入支出観と簿記の計算構造」上野清貴（編
　　著）『簿記の理論学説と計算構造』中央経済社，2019 年。

上野清貴『会計構造の深層論理——真の複式簿記システムの探究』中央経
　　済社，2020 年。

上野隆也「純資産増加説の現代的意義」『国際会計研究学会年報』2010 年
　　度号，2010 年。

内田瑛里「役員給与課税制度に関する一考察——現行制度の問題点と新た
　　な合理的判断基準の検討」慶應義塾大学大学院商学研究科修士論文，
　　2019 年度，2020 年。

浦崎直浩「財務報告の拡張」広瀬義州，藤井秀樹（責任編集）『体系現代
　　会計学［第 6 巻］ 財務報告のフロンティア』中央経済社，2012 年。

J. H. フラマン（Joseph-H. Vlaemminck）／山本紀生（著訳）『簿記の生成
　　と現代化』晃洋書房，2009 年。

若林公美「財務情報の比較可能性の尺度に関する研究」『甲南経営研究』
　　第 57 巻第 3 号，2016 年。

若林公美「IFRS と財務情報の比較可能性」『国際会計研究学会年報』2017
　　年度第 1・2 合併号，2018 年。

渡邉泉『損益計算の進化』森山書店，2005 年。

渡邉泉『帳簿が語る歴史の真実──通説という名の誤り』同文舘出版，
　　　2016 年。

渡邉泉「会計学者の責任──歴史からのメッセージ」『産業經理』第 78 巻
　　　第 2 号，2018 年。

渡邉泉「会計学者の責任──歴史からのメッセージ」森山書店，2019 年。

渡邉泉「「単式簿記から複式簿記へ」の再再考」『會計』第 196 巻第 4 号，
　　　2019 年。

渡邉泉『原点回帰の会計学──経済的格差の是正に向けて』同文舘出版，
　　　2020 年。

Geoffrey Whittington, *Inflation Accounting : An Introduction to the Debate*,
　　　Cambridge University Press, 1983.

G. ウィッティントン（G. Whittington）／辻山栄子（訳）『会計測定の基
　　　礎──インフレーション・アカウンティング』中央経済社，2003 年。

Kelly L. Williams and Howard J. Lawrence, *William A. Paton : A Study of
　　　His Accounting Thought*, Emerald Publishing, 2018.

山桝忠恕「「会計」の定義に関する吟味＜序説＞」『三田商学研究』第 25
　　　巻第 3 号，1982 年。

山桝忠恕，嶌村剛雄『体系財務諸表論　理論篇』税務経理協会，1973 年。

山浦久司「黒川行治著『会計と社会　公共会計学論考』（書評）」『会計・
　　　監査ジャーナル』第 30 巻第 4 号，2018 年。

山崎佳夫「繰延資産と引当金──擬制資産と擬制負債」『富大経済論集』
　　　第 11 巻第 4 号，1966 年。

Basil S. Yamey, ʻNotes on the Origin of Double-Entry Bookkeeping,ʼ *The
　　　Accounting Review*, Vol. 22, No. 3, 1947.

安平昭二『簿記理論研究序説──スイス系学説を中心として』千倉書房，
　　　1979 年。

安平昭二「勘定理論」黒澤清（編集代表）『会計学辞典』東洋経済新報社，
　　　1982 年。

安平昭二『簿記・会計学の基礎──シェアーの簿記・会計学を尋ねて』同
　　　文舘出版，1986 年。

安平昭二「勘定理論」神戸大学会計学研究室（編）『会計学辞典（第6版）』同文舘出版，2007年。

安平昭二「単式簿記」安藤英義，新田忠誓，伊藤邦雄，廣本敏郎（編集代表）『会計学大辞典（第5版）』中央経済社，2007年。

安平昭二「複式簿記」安藤英義，新田忠誓，伊藤邦雄，廣本敏郎（編集代表）『会計学大辞典（第5版）』中央経済社，2007年。

横山和夫「勘定理論」安藤英義，新田忠誓，伊藤邦雄，廣本敏郎（編集代表）『会計学大辞典（第5版）』中央経済社，2007年。

吉見宏「会計専門職とその監査が直面する危機──公認会計士に求められる判断」『企業会計』第71巻第1号，2019年。

●● 索　引 ●●

●● 著者紹介 ●●

友岡 賛（ともおか すすむ）

慶應義塾大学卒業。
慶應義塾大学助手等を経て慶應義塾大学教授。
博士（慶應義塾大学）。

著書等（分担執筆書の類いは除く。）

『近代会計制度の成立』有斐閣，1995年
『アカウンティング・エッセンシャルズ』（共著）有斐閣，1996年
『歴史にふれる会計学』有斐閣，1996年
『株式会社とは何か』講談社現代新書，1998年
『会計学の基礎』（編）有斐閣，1998年
『会計破綻』（監訳）税務経理協会，2004年
『会計プロフェッションの発展』有斐閣，2005年
『会計士の歴史』（共訳）慶應義塾大学出版会，2006年
『会計の時代だ』ちくま新書，2006年
『「会計」ってなに？』税務経理協会，2007年
『なぜ「会計」本が売れているのか？』税務経理協会，2007年
『会計学』（編）慶應義塾大学出版会，2007年
『六本木ママの経済学』中経の文庫，2008年
『会計学はこう考える』ちくま新書，2009年
『会計士の誕生』税務経理協会，2010年
『就活生のための企業分析』（編）八千代出版，2012年
『ルカ・パチョーリの『スムマ』から福澤へ』（監修）慶應義塾図書館，
2012年
『会計学原理』税務経理協会，2012年
『歴史に学ぶ会計の「なぜ？」』（訳）税務経理協会，2015年
『会計学の基本問題』慶應義塾大学出版会，2016年
『会計の歴史』税務経理協会，2016年（改訂版，2018年）
『会計と会計学のレーゾン・デートル』慶應義塾大学出版会，2018年
『日本会計史』慶應義塾大学出版会，2018年
『会計学の考え方』泉文堂，2018年
『会計学の地平』泉文堂，2019年

会計学の行く末

2021年7月20日　　初版第1刷発行

著　　者	友岡　賛	
発 行 者	大坪　克行	
発 行 所	株式会社　泉　文　堂	

〒161-0033　東京都新宿区下落合1-2-16
電話 03-3951-9610　FAX 03-3951-6830

印 刷 所	光栄印刷株式会社
製 本 所	牧製本印刷株式会社

© 友岡　賛　2021　　　　　　　　Printed in Japan（検印省略）

ISBN 978-4-7930-0624-1　C3034

本書をもって三部作完結!

会計学の考え方

友岡 賛 著
　四六判 220頁 定価：本体2,300円＋税

会計学の地平

友岡 賛 著
　四六判 220頁 定価：本体2,300円＋税